MW01491710

SPANISH VERB WORKBOOK

Robert Melick and Bernal Herrera Gómez

© 2017 Robert Melick

All rights reserved. No part of this book may be reproduced in any form other than that in which it was purchased and without the written permission of the author.

Cover Art and Design: Matt Draghi

Editor: Mariana Lara Albert

ISBN-13: 978-1979315036

ISBN-10: 1979315035

Contents

INTRODUCTION

Writing is an essential part of any language. Many people learn to speak a language fluently but never learn or struggle with writing the language. While speaking may not improves one's writing, with enough repetition, as this book provides, writing in Spanish will help you think and speak more easily in Spanish.

This book contains nine chapters. Each chapter gives practice using one verb tense while chapter 9 presents all eight tenses randomized together. The chapters are in no particular order so the learner can feel free to skip around. This book is a great aid to accompany someone taking formal Spanish classes or someone that is self taught and looking for a way to practice what they are learning.

This book is different than the other Spanish books on the market because it has sentences tailored towards intermediate and advanced learners and an enormous pool of translation sentences. You will never have to buy another Spanish verb workbook again!

ACKNOWLEDGEMENTS

I would like to thank Bernal, whose humor and patience made writing this book enjoyable and without whom this book would have never been completed. Lucia for always supporting me in everthing I do. Matt for helping with the cover. Ana, Hugo, Juan and Gaby for always answering any Spanish questions that I have.

INSTRUCTIONS

Each chapter begins with an explanation of the verb tense being used with instructions on how to conjugate each verb. Every chapter contains hundreds of translation sentences- the learner has to translate each English sentence into Spanish.

All of the answers and a verb list can be found in the back of the book. Vocabulary used in each chapter can be found at the beginning of each chapter and in the back of the book.

Chapter

1

Present Tense

For AR Verbs	For ER Verbs	For IR Verbs
-Drop the AR	- Drop the ER	-Drop the IR
-Add	- Add	-Add
yo- o nosotros- amos	yo- o nosotros- emos	yo- o nosotros- imos
tú- as	tú- es	tú- es
él/ella/Ud.- a ellos/Uds.- an	él/ella/Ud.- e ellos/Uds.- en	él/ella/Ud.- e ellos/Uds.- en
Example- Bailar- bailo, bailas, baila, bailamos, bailan	*Example*- Comer- como, comes, come, comemos, comen	*Example*- Vivir- vivo, vives, vive, vivimos, viven

VOCABULARY

Afternoon - la tarde	**Daily** - diariamente	**Mind** - la mente	**Poems** - los poemas
All of the time - todo el tiempo	**Directions** - las direcciones	**Mirror** - el espejo	**The poor** - los pobres
Bills - las cuentas	**Every night** - cada noche	**Movie theater** - el cine	**Resignation** - la renuncia
Birds - los pájaros	**Garbage** - la basura	**Music** - la música	**Shoes** - los zapatos
Board games - los juegos de mesa	**Guitar** - la guitarra	**Neighbor** - el vecino	**Shower** - la ducha
Boring - aburrido	**Hockey** - el hockey	**Often** - a menudo	**Sometimes** - a veces
Bus - el autobús	**Homework** - los deberes	**Painting** - la pintura	**Truth** - la verdad
Cards - los naipes/las tarjetas	**In front of** - en frente	**Pancakes** - los panqueques	**Wallet** - la cartera
Cave - la cueva	**Mail** - el correo	**Peanut butter** - la mantequilla de maní	**Watch** - el reloj
College - la universidad	**Math** - las matemáticas	**Physics** - la física	**Wife** - la esposa

1. He rests in the afternoon.

_____

2. You understand math well (Uds.).

_____

3. You drive to work every day (Uds.).

_____

4. You admire the work of Picasso.

_____

5. He understands math well.

_____

6. We admire the work of Picasso.

_____

7. They sing in the shower.

_____

8. You open the door in the morning (Uds.).

_____

9. I listen when people speak.

_____

10. You go into your house every night.

_____

11. They finish their homework before class.

_____

12. You dance in front of the mirror.

_____

13. I work in New York.

_____

14. You write poems every Friday (Uds.).

_____

15. I laugh a lot.

_____

16. I practice hockey after work.

_____

17. You eat eggs in the morning.

_____

18.   I return to the cave every year.

_____

19.   He goes into his house every night.

_____

20.   We lose board games often.

_____

21.   You rest in the afternoon (Uds.).

_____

22.   I bring my guitar to work.

_____

23.   We accept your resignation.

_____

24.   You change your mind often (Uds.).

_____

25.   You walk in the morning.

_____

26.   They drive to work every day.

_____

27.   They admire the work of Picasso.

_____

28.   You want that painting (Uds.).

_____

29.   You walk in the morning (Uds.).

_____

30.   He flies in the sky.

_____

31.   I write poems every Friday.

_____

32.   They wait for the bus in the morning.

_____

33.   He speaks to his sister every day.

_____

34.   I take out the garbage in the morning.

_____

35. You sell peanut butter.

_____

36. I complete the work at the desk.

_____

37. We drink water every day.

_____

38. I look for my shoes in the morning.

_____

39. They forget their wallet sometimes.

_____

40. You run every Saturday.

_____

41. He assists his neighbor with his homework.

_____

42. I want that painting.

_____

43. You sing in the shower.

_____

44. They follow directions well.

_____

45. I pay my bills every month.

_____

46. I read the newspaper in the morning.

_____

47. We play the piano.

_____

48. We see the birds in the tree.

_____

49. We accompany our friend to the movies sometimes.

_____

50. They eat eggs in the morning.

_____

51. We lend our friend money often.

_____

52.   We forget our wallet sometimes.

_____

53.   I sing in the shower.

_____

54.   You fry pancakes in the morning.

_____

55.   We walk in the morning.

_____

56.   They live with their dog.

_____

57.   He brings his guitar to work.

_____

58.   You play the piano.

_____

59.   She opens the door in the morning.

_____

60.   You speak to your sister every day.

_____

61.   They accompany their friend to the movies sometimes.

_____

62.   She listens when people speak.

_____

63.   They lend their friend money often.

_____

64.   I change my mind often.

_____

65.   You visit your dad every weekend.

_____

66.   I visit my dad every weekend.

_____

67.   I assist my neighbor with his homework.

_____

68.   You wait for the bus in the morning.

_____

69.   They believe in Santa Claus.

_____

70.   I send cards every Christmas.

_____

71.   They run every Saturday.

_____

72.   We read the newspaper in the morning.

_____

73.   I drive to work every day.

_____

74.   We sing in the shower.

_____

75.   They practice hockey after work.

_____

76.   He travels far for work.

_____

77.   They send cards every Christmas.

_____

78.   We find friends everywhere.

_____

79.   We visit our dad every weekend.

_____

80.   We travel far for work.

_____

81.   You follow directions well.

_____

82.   She drinks water every day.

_____

83.   I owe my grandma a new watch.

_____

84.   He leaves the house at 6:00 AM.

_____

85.   He works in New York.

_____

86.   We live with our dog.

_____

87.   We send cards every Christmas.

_____

88.   He fries pancakes in the morning.

_____

89.   You finish your homework before class.

_____

90.   She accompanies her friend to the movies sometimes.

_____

91.   You teach music to kids.

_____

92.   We laugh a lot.

_____

93.   He pays his bills every month.

_____

94.   You run every Saturday (Uds.).

_____

95.   They find this movie boring.

_____

96.   We dance in front of the mirror.

_____

97.   We learn Spanish in school.

_____

98.   He plays the piano.

_____

99.   We bring our guitar to work.

_____

100.   We want that painting.

_____

101.   She buys eggs from the store.

_____

102.   You teach music to kids (Uds.).

_____

103.   I leave the house at 6:00 AM.

_____

104.   We pay our bills every month.

_____

105.   They bring their guitar to work.

_____

106.   He smiles every day.

_____

107.   He wants that painting.

_____

108.   They see the birds in the tree.

_____

109.   I learn Spanish in school.

_____

110.   She drives to work every day.

_____

111.   They pay their bills every month.

_____

112.   They look for their shoes in the morning.

_____

113.   They bake for their wives.

_____

114.   We take out the garbage in the morning.

_____

115.   They read the newspaper in the morning.

_____

116.   He lives with his dog.

_____

117.   You eat eggs in the morning (Uds.).

_____

118.   I accompany my friend to the movies sometimes.

_____

119.   We smile every day.

_____

120. I receive mail every day.

_____

121. He visits his dad every weekend.

_____

122. We follow directions well.

_____

123. You drink water every day (Uds.).

_____

124. You find this movie boring.

_____

125. You accept our resignation (Uds.).

_____

126. He loses board games often.

_____

127. I admire the work of Picasso.

_____

128. You send cards every Christmas.

_____

129. He sends cards every Christmas.

_____

130. I play the piano.

_____

131. We tell the truth all of the time.

_____

132. You ask about your dog a lot.

_____

133. You understand math well.

_____

134. You wait for the bus in the morning (Uds.).

_____

135. They return to the cave every year.

_____

136. She owes her grandma a new watch.

_____

137. They walk in the morning.

___

138. You fry pancakes in the morning (Uds.).

___

139. We leave the house at 6:00 AM.

___

140. They work in New York.

___

141. We go into our house every night.

___

142. You smile every day.

___

143. I rest in the afternoon.

___

144. We speak to our sister every day.

___

145. He sees the birds in the tree.

___

146. You live with your dog.

___

147. I smile every day.

___

148. We ask about our dog a lot.

___

149. I dance in front of the mirror.

___

150. He receives mail every day.

___

151. I begin my day with eggs.

___

152. You complete the work at the desk (Uds.).

___

153. I bake for my wife.

___

154. You read the newspaper in the morning.

_____

155. I find this movie boring.

_____

156. She completes the work in the evening.

_____

157. We find this movie boring.

_____

158. They drink water every day.

_____

159. We work in New York.

_____

160. We buy eggs from the store.

_____

161. They listen when people speak.

_____

162. I follow directions well.

_____

163. He follows directions well.

_____

164. You practice hockey after work (Uds.).

_____

165. They accept our resignation.

_____

166. I teach music to kids.

_____

167. They rest in the afternoon.

_____

168. They smile every day.

_____

169. He takes out the garbage in the morning.

_____

170. He finds this movie boring.

_____

171. He forgets his wallet sometimes.

_____

172. They teach music to kids.

_____

173. You owe your grandma a new watch.

_____

174. She believes in Santa Claus.

_____

175. They understand math well.

_____

176. You bring your guitar to work.

_____

177. You lend your friend money often.

_____

178. You laugh a lot (Uds.).

_____

179. I fly in the sky.

_____

180. You look for your shoes in the morning.

_____

181. We open the door in the morning.

_____

182. You assist your neighbor with his homework.

_____

183. They laugh a lot.

_____

184. I run every Saturday.

_____

185. They receive mail every day.

_____

186. He bakes for his wife.

_____

187. They speak to their sister every day.

_____

188. He asks about his dog a lot.

189. We return to the cave every year.

190. You learn Spanish in school (Uds.).

191. You open the door in the afternoon (Uds.).

192. I lose board games often.

193. You accept his resignation.

194. I drink water every day.

195. You write poems every Friday.

196. I see the birds in the tree.

197. I buy eggs from the store.

198. You return to the cave every year.

199. You leave the house at 6:00 AM.

200. You tell the truth all of the time.

201. You accompany your friend to the movies sometimes.

202. We listen when people speak.

203. You follow directions well (Uds.).

204. They take out the garbage in the morning.

205.   She looks for her shoes in the morning.

___

206.   We owe our grandma a new watch.

___

207.   She accepts his resignation.

___

208.   They learn Spanish in school.

___

209.   We teach music to kids.

___

210.   They fry pancakes in the morning.

___

211.   They owe their grandma a new watch.

___

212.   He practices hockey after work.

___

213.   He writes poems every Friday.

___

214.   I eat eggs in the morning.

___

215.   They ask about their dog a lot.

___

216.   You fly in the sky.

___

217.   You study physics in college.

___

218.   They dance in front of the mirror.

___

219.   I finish my homework before class.

___

220.   We finish our homework before class.

___

Chapter

2

Preterit Tense

For AR Verbs	For ER Verbs	For IR Verbs
- **Drop the AR**	- **Drop the ER**	- **Drop the IR**
- **Add**	- **Add**	- **Add**
yo- é **nosotros**- amos **tú**- aste **él/ella/Ud.**- ó **ellos/Uds.**- aron	**yo**- í **nosotros**- imos **tú**- iste **él/ella/Ud.**- ió **ellos/Uds.**- ieron	**yo**- í **nosotros**- imos **tú**- iste **él/ella/Ud.**- ió **ellos/Uds.**- ieron
Example- Bailar- bailé, bailaste bailó, bailamos, bailaron	*Example*- Comer- comí, comiste, comió, comimos, comieron	*Example*- Vivir- viví, viviste, vivió, vivimos, vivieron

VOCABULARY

All night - toda la noche	**Consequences** - las consecuencias	**Game** - el juego	**Opera** - la Opera
Apple pie - la tarta de manzana	**Countries** - los países	**Mountains** - las montañas	**Pan** - la sartèn
Behind - detrás	**Dishes** - los platos	**High school** - la secundaria	**Problems** - los problemas
Coins - las monedas	**Earlier** - más temprano	**Last night** - anoche	**Rules** - las reglas
Box - la caja	**Eggs** - los huevos	**Last week** - la semana pasada	**Short** - corto
Cake - el pastel	**Farm** - la granja	**Last year** - el año pasado	**Soda** - el refresco
Card - la tarjeta	**Field** - el campo	**Letter** - la carta	**Song** - la canción
Castle - el castillo	**In front** - de adelante	**Marathon** - el maratón	**Through** - mediante
Coat - el abrigo	**Flute** - la flauta	**Moon** - la luna	**Train** - el tren

1.   I traveled to Italy last year.

_____

2.   You sang at the opera (Uds.).

_____

3.   You listened to every song.

_____

4.   They completed the work.

_____

5.   I taught English for twenty years.

_____

6.   I bought a shirt yesterday.

_____

7.   They lost their shoes in the store.

_____

8.   I took out the dishes.

_____

9.   I returned to the house after work.

_____

10.   You saw the dog behind the house.

_____

11.   I brought a chair to the beach.

_____

12.   You flew from NY to Greece (Uds.).

_____

13.   I owed my brother money.

_____

14.   He drove through the mountains.

_____

15.   I wanted eggs for breakfast.

_____

16.   I ran with my dog.

_____

17.   I rested all night.

_____

18.   You accepted the offer (Uds.).

_____

19.   He saw the dog behind the house.

_____

20.   I sold milk to the store.

_____

21.   We lost our shoes in the store.

_____

22.   He accompanied his child to school last week.

_____

23.   You admired your father.

_____

24.   They asked about the farm.

_____

25.   We rested all night.

_____

26.   We completed the work.

_____

27.   He ran with his dog.

_____

28.   You finished the meal (Uds.).

_____

29.   We finished the meal.

_____

30.   You changed the rules of the game.

_____

31.   You spoke in front of the class (Uds.).

_____

32.   They returned to the house after work.

_____

33.   We practiced running for the marathon.

_____

34.   You opened the door.

_____

35.   You took out the dishes (Uds.).

_____

36.   You sent the box earlier.

_____

37.   We admired the work of Picasso.

_____

38.   I danced through school.

_____

39.   They read the newspaper from yesterday.

_____

40.   I spoke in front of the class.

_____

41.   He lost his shoe in the store.

_____

42.   We owed our brother money.

_____

43.   He understood when he spoke.

_____

44.   They admired the work of Picasso.

_____

45.   They waited all day.

_____

46.   I learned English from my mother.

_____

47.   You understood when he spoke (Uds.).

_____

48.   They began their homework yesterday.

_____

49.   I walked to school.

_____

50.   They finished the meal.

_____

51.   You changed the rules of the game (Uds.).

_____

52.   They saw the dog behind the house.

_____

53.   We found money on the table.

_____

54.   You laughed all night.

_____

55.   We lent the hat to John.

_____

56.   You taught English for twenty years (Uds.).

_____

57.   I accepted the consequences.

_____

58.   We worked all of our life.

_____

59.   He fried fish in the pan.

_____

60.   I worked all of my life.

_____

61.   I smiled when I saw the moon.

_____

62.   You read the newspaper from yesterday (Uds.).

_____

63.   They assisted their friend when he had problems.

_____

64.   We received a card for our birthday.

_____

65.   We brought a chair to the beach.

_____

66.   They listened to every song.

_____

67.   They accepted the offer.

_____

68.   We asked about the farm.

_____

69.   They walked to school.

_____

70.   He finished the meal.

_____

71.   He read the newspaper from yesterday.

_____

72.   We ate all of the cake.

_____

73.   He wanted eggs for breakfast.

_____

74.   You traveled to Italy last year (Uds.).

_____

75.   You asked about the farm.

_____

76.   They brought a chair to the beach.

_____

77.   I laughed all night.

_____

78.   He returned to the house after work.

_____

79.   I admired my father.

_____

80.   He bought a shirt yesterday.

_____

81.   You bought a shirt yesterday.

_____

82.   You brought chairs to the beach (Uds.).

_____

83.   He received a card for his birthday.

_____

84.   You ate all of the cake (Uds.).

_____

85.   They changed the rules of the game.

_____

86. They lived in three different countries.

87. We saw the dog behind the house.

88. We drove through the mountains.

89. You played the flute in school.

90. He sang at the opera.

91. We entered the castle last night.

92. You looked for the volleyball at the beach.

93. You spoke in front of the class.

94. He learned English from his mother.

95. They sent the box earlier.

96. We ran with our dog.

97. They found money on the table.

98. You understood when he spoke.

99. He completed the work.

100. We wrote a short letter.

101. I forgot my coat at work.

102. You flew from NY to Greece.

103. You sold milk to the store (Uds.).

_____

104. They wanted eggs for breakfast.

_____

105. They forgot their coats at work.

_____

106. I accompanied my child to school last week.

_____

107. He drank soda on the field.

_____

108. They sang at the opera.

_____

109. You smiled when you saw the moon (Uds.).

_____

110. I accepted the offer.

_____

111. He played the flute in school.

_____

112. You ran with your dog.

_____

113. I completed the work.

_____

114. You lent the hat to John.

_____

115. They owed their brother money.

_____

116. They studied for two hours.

_____

117. You learned English from your mother (Uds.).

_____

118. I drove through the mountains.

_____

119. You opened the door (Uds.).

_____

120.   You traveled to Italy last year.

_____

121.   I looked for the volleyball at the beach.

_____

122.   We opened the door.

_____

123.   I baked an apple pie.

_____

124.   We learned English from our mother.

_____

125.   You followed the car in front (Uds.).

_____

126.   You found money on the table.

_____

127.   You entered the castle last night (Uds.).

_____

128.   You baked an apple pie (Uds.).

_____

129.   We returned to the house after work.

_____

130.   You sang at the opera.

_____

131.   You read the newspaper from yesterday.

_____

132.   You studied for two hours (Uds.).

_____

133.   You began your homework yesterday.

_____

134.   He paid to take the train.

_____

135.   They danced through school.

_____

136.   They learned English from their mother.

_____

137. You let the cat into the house.

138. We taught English for twenty years.

139. She opened the can.

140. He laughed all night.

141. They opened the can.

142. They flew from NY to Greece.

143. You lived in three different countries.

144. You assisted your friend when he had problems.

145. You rested all night.

146. They played the flute in school.

147. I assisted my friend when he had problems.

148. He danced through school.

149. I lost my shoe in the store.

150. You studied for two hours.

151. We accepted the offer.

152. You asked about the farm (Uds.).

153. We played the flute in school.

154. They drove through the mountains.

155. You drank soda on the field (Uds.).

156. You brought a chair to the beach.

157. We changed the rules of the game.

158. He practiced running for the marathon.

159. He forgot his coat at work.

160. He ate all of the cake.

161. He sent the box earlier.

162. We studied for two hours.

163. I opened the can.

164. They rested all night.

165. They practiced running for the marathon.

166. They received a card for their birthday.

167. They entered the castle last night.

168. We fried fish in the pan.

169. They spoke in front of the class.

170. You visited New York last year (Uds.).

171. We sent the box earlier.

_____

172. I finished the meal.

_____

173. They paid to take the train.

_____

174. We let the cat into the house.

_____

175. I fried fish in the pan.

_____

176. You returned to the house after work.

_____

177. He found money on the table.

_____

178. You completed the work (Uds.).

_____

179. I lent the hat to John.

_____

180. You entered the castle last night.

_____

181. He rested all night.

_____

182. They worked all of their life.

_____

183. They followed the car in front.

_____

184. I drank soda on the field.

_____

185. We followed the car in front.

_____

186. They admired their father.

_____

187. We wanted eggs for breakfast.

_____

188. We opened the can.

_____

189. He took out the dishes.

_____

190. You completed the work.

_____

191. They opened the door.

_____

192. You forgot your coat at work.

_____

193. We spoke in front of the class.

_____

194. We understood when he spoke.

_____

195. I visited New York last year.

_____

196. You admired the work of Picasso (Uds).

_____

197. He sold milk to the store.

_____

198. I found money on the table.

_____

199. He visited New York last year.

_____

200. We waited all day.

_____

201. You wrote a short letter.

_____

202. We drank soda on the field.

_____

203. She accepted the offer.

_____

204. We took out the dishes.

_____

205. You looked for the volleyball at the beach (Uds.).

_____

206. They wrote a short letter.

_____

207. I waited all day.

_____

208. We laughed all night.

_____

209. I played the flute in school.

_____

210. You received a card for your birthday.

_____

211. They drank soda on the field.

_____

212. You visited New York last year.

_____

213. He entered the castle last night.

_____

214. He lived in three different countries.

_____

215. He listened to every song.

_____

216. They sold milk to the store.

_____

217. I listened to every song.

_____

218. I ate all of the cake.

_____

219. You owed your brother money.

_____

220. I flew from NY to Greece.

_____

Chapter

3

Future Tense

For AR Verbs	For ER Verbs	For IR Verbs
- Keep whole infinitive	- Keep whole infinitive	- Keep whole infinitive
- Add at end of word	- Add at end of word	- Add at end of word
yo- é **nosotros-** emos **tú-** ás **él /ella/Ud.-** á **ellos/Uds.-** án	**yo-** é **nosotros-** emos **tú-** ás **él /ella/Ud.-** á **ellos/Uds.-** án	**yo-** é **nosotros-** emos **tú-** ás **él /ella/Ud.-** á **ellos/Uds.-** án
Example- Bailar- bailaré, bailarás, bailará, bailaremos, bailarán	*Example-* Comer- comeré, comerás, comerá, comeremos, comerán	*Example-* Vivir- viviré, vivirás, vivirá, viviremos, vivirán

VOCABULARY

After - después	**Message** - el mensaje	**The poor** - los pobres	**Speech** - el discurso
Can - la lata	**Morning** - la mañana	**Potatoes** - las papas	**Sun** - el sol
Cave - la cueva	**Mountain** - la montaña	**Problem** - el problema	**Teacher** - el maestro
Credit card - la tarjeta de crédito	**Neighbor** - el vecino	**Professor** - el profesor	**Tomorrow** - mañana
Game - el juego	**News** - las noticias	**Project** - el proyecto	**Tonight** - esta noche
Grandpa - el abuelo	**Novel** - la novela	**Rules** - las reglas	**Until** - hasta
Husband - el esposo	**Offer** - la oferta	**School** - la escuela	**Violin** - el violín
Keys - las llaves	**Oil** - el aceite	**Show** - el espectáculo	**Wallet** - la cartera
Later - luego	**Party** - la fiesta	**Soda** - el refresco	**Years** - los años
Math - las matemáticas	**Path** - el camino	**Soon** - pronto	**Yesterday** - ayer

1.   You will laugh at the show (Uds.).

_____

2.   You will sell the house soon.

_____

3.   We will wait for one more hour.

_____

4.   I will drink soda at the table.

_____

5.   I will fly to Florida tomorrow.

_____

6.   She will follow the path in the mountain.

_____

7.   She will drink soda at the table.

_____

8.   I will find the wallet later.

_____

9.   I will visit my neighbor tomorrow.

_____

10. She will find the wallet later.

_____

11. She will change the rules later.

_____

12. We will live for one hundred years.

_____

13. You will leave after the game (Uds.).

_____

14. She will drive after she eats.

_____

15. They will never forget their keys at home.

_____

16. You will open the door (Uds.).

_____

17. I will assist my mom when she is here.

_____

18.   We will sell the house soon.

_____

19.   You will see the professor today (Uds.).

_____

20.   They will enter the cave tomorrow.

_____

21.   You will teach your sons to read (Uds.).

_____

22.   I will change the rules later.

_____

23.   She will fly to Florida tomorrow.

_____

24.   You will fry the potatoes in oil.

_____

25.   You will complete the problem.

_____

26.   I will play the violin later.

_____

27.   They will drive after they eat.

_____

28.   She will dance later.

_____

29.   She will speak to her grandpa later.

_____

30.   You will bake in the kitchen.

_____

31.   She will live for one hundred years.

_____

32.   They will finish the game later.

_____

33.   I will finish the game later.

_____

34.   She will buy a book from the library.

_____

35.   She will complete the problem.

_____

36.   We will pay for new clothes.

_____

37.   I will run if it is warm.

_____

38.   You will open the door.

_____

39.   You will run if it is warm (Uds.).

_____

40.   You will eat later (Uds.).

_____

41.   You will study tomorrow (Uds.).

_____

42.   They will follow the path in the mountain.

_____

43.   They will run if it is warm.

_____

44.   We will play the violin later.

_____

45.   She will practice math problems later.

_____

46.   You will never forget your keys at home.

_____

47.   You will lend money to the school.

_____

48.   You will finish the game later.

_____

49.   I will look for the credit card.

_____

50.   She will lend money to the school.

_____

51.   You will drink soda at the table.

_____

52.   We will laugh at the show.

_____

53.   You will look for the credit card.

_____

54.   You will receive the news tomorrow.

_____

55.   They will see the professor today.

_____

56.   We will run if it is warm.

_____

57.   They will visit their neighbor tomorrow.

_____

58.   We will write a speech.

_____

59.   She will accept your offer.

_____

60.   We will sing at work today.

_____

61.   I will write a speech.

_____

62.   They will rest after Church.

_____

63.   We will assist our mom when she is here.

_____

64.   You will visit your neighbor tomorrow.

_____

65.   I will give money to the poor.

_____

66.   She will visit her neighbor tomorrow.

_____

67.   You will wait for one more hour (Uds.).

_____

68.   We will look for the credit card.

_____

69.   I will rest after Church.

_____

70.   You will take out the garbage tomorrow (Uds.).

_____

71.   They will dance later.

_____

72.   You will practice math problems later.

_____

73.   You will speak to your grandpa later.

_____

74.   You will take out the garbage tomorrow.

_____

75.   You will lend money to the school (Uds.).

_____

76.   You will read that novel one day.

_____

77.   We will read that novel one day.

_____

78.   You will bring food to the party.

_____

79.   They will complete the problem.

_____

80.   You will speak to your grandpa later (Uds.).

_____

81.   I will travel when I have more money.

_____

82.   We will open the can.

_____

83.   They will want the money later.

_____

84.   I will listen to the speech.

_____

85.   She will assist her mom when she is here.

_____

86. You will walk to the store later (Uds.).

87. I will drive after I eat.

88. You will change the rules later.

89. I will walk to the store later.

90. They will sing at work today.

91. You will return to the project tomorrow.

92. You will listen to the speech (Uds.).

93. She will send a message tomorrow.

94. You will work until 10:00 PM.

95. I will sing at work today.

96. You will eat later.

97. You will study tomorrow.

98. She will sell the house soon.

99. You will receive the news tomorrow (Uds.).

100. You will accept our offer (Uds.).

101. You will listen to the speech.

102. You will write a speech.

103.   You will read that novel one day (Uds.).

_____

104.   We will admire the sun in the morning.

_____

105.   We will dance later.

_____

106.   You will visit your neighbor tomorrow (Uds.).

_____

107.   You will want the money later.

_____

108.   You will pay for new clothes (Uds.).

_____

109.   We will see the professor today.

_____

110.   We will return to the project tomorrow.

_____

111.   They will receive the news tomorrow.

_____

112.   They will lose more money tonight.

_____

113.   You will walk to the store later.

_____

114.   We will ask the teacher.

_____

115.   You will rest after Church (Uds.).

_____

116.   She will open the can.

_____

117.   They will read that novel one day.

_____

118.   They will laugh at the show.

_____

119.   They will find the wallet later.

_____

120. I will teach my son to read.

121. They will eat later.

122. They will study tomorrow.

123. You will lose more money tonight (Uds.).

124. She will wait for one more hour.

125. We will study tomorrow.

126. You will buy a book from the library.

127. I will bake in the kitchen.

128. They will lend money to the school.

129. She will read that novel one day.

130. We will work until 10:00 PM.

131. They will look for the credit card.

132. She will ask the teacher.

133. You will see the professor today.

134. They will listen to the speech.

135. You will complete the problem (Uds.).

136. We will bake in the kitchen.

137. You will ask the teacher (Uds.).

_____

138. You will enter the cave tomorrow (Uds.).

_____

139. They will practice math problems later.

_____

140. She will leave after the game.

_____

141. I will want the money later.

_____

142. She will eat later.

_____

143. You will play the violin later.

_____

144. She will study tomorrow.

_____

145. We will follow the path in the mountain.

_____

146. I will complete the problem.

_____

147. You will fly to Florida tomorrow (Uds.).

_____

148. You will find the wallet later (Uds.).

_____

149. She will pay for new clothes.

_____

150. We will lend money to the school.

_____

151. We will drive after we eat.

_____

152. We will teach our son to read.

_____

153. We will take out the garbage tomorrow.

_____

154. You will accept his offer.

_____

155. I will pay for new clothes.

_____

156. You will give money to the poor (Uds.).

_____

157. You will assist your mom when she is here.

_____

158. She will fry the potatoes in oil.

_____

159. We will listen to the speech.

_____

160. They will wait for one more hour.

_____

161. You will enter the cave tomorrow.

_____

162. We will accept their offer.

_____

163. You will fly to Florida tomorrow.

_____

164. You will lose more money tonight.

_____

165. I will enter the cave tomorrow.

_____

166. She will look for the credit card.

_____

167. I will see the professor today.

_____

168. They will bring food to the party.

_____

169. We will receive the news tomorrow.

_____

170. We will fry the potatoes in oil.

_____

171. I will receive the news tomorrow.

_____

172. We will open the door.

_____

173. They will assist their mom when she is here.

_____

174. They will fly to Florida tomorrow.

_____

175. You will work until 10:00 PM (Uds.).

_____

176. They will travel when they have more money.

_____

177. They will pay for new clothes.

_____

178. You will finish the game later (Uds.).

_____

179. She will open the door.

_____

180. You will travel when you have more money.

_____

181. I will admire the sun in the morning.

_____

182. We will finish the game later.

_____

183. We will send a message tomorrow.

_____

184. You will give money to the poor.

_____

185. They will drink soda at the table.

_____

186. They will admire the sun in the morning.

_____

187. I will read that novel one day.

_____

188.   They will ask the teacher.

_____

189.   She will bring food to the party.

_____

190.   You will leave after the game.

_____

191.   You will sing at work today.

_____

192.   They will write a speech.

_____

193.   She will write a speech.

_____

194.   You will sell the house soon (Uds.).

_____

195.   She will travel when she has more money.

_____

196.   They will teach their sons to read.

_____

197.   You will drink soda at the table (Uds.).

_____

198.   You will teach your son to read.

_____

199.   We will buy a book from the library.

_____

200.   She will finish the game later.

_____

201.   You will look for the credit card (Uds.).

_____

202.   They will fry the potatoes in oil.

_____

203.   They will accept our offer.

_____

204.   I will practice math problems later.

_____

205.   She will run if it is warm.

_____

206.   I will accept your offer.

_____

207.   She will enter the cave tomorrow.

_____

208.   You will fry the potatoes in oil (Uds.).

_____

209.   I will begin my speech tonight.

_____

210.   We will lose more money tonight.

_____

211.   You will follow the path in the mountain.

_____

212.   You will bake in the kitchen (Uds.).

_____

213.   You will live for one hundred years (Uds.).

_____

214.   She will walk to the store later.

_____

215.   You will begin your speech tonight (Uds.).

_____

216.   She will laugh at the show.

_____

217.   She will bake in the kitchen.

_____

218.   I will return to the project tomorrow.

_____

219.   They will live for one hundred years.

_____

220.   She will listen to the speech.

_____

Chapter

Imperfect Indicative

For AR Verbs	For ER Verbs	For IR Verbs
- **Drop the AR**	- **Drop the ER**	- **Drop the IR**
- **Add**	- **Add**	- **Add**
yo- aba **nosotros**- ábamos **tú**- abas **él/ella/Ud.**- aba **ellos/Uds.**- aban	**yo**- ía **nosotros**- íamos **tú**- ías **él/ella/Ud.**- ía **ellos/Uds.**- ían	**yo**- ía **nosotros**- íamos **tú**- ías **él/ella/Ud.**- ía **ellos/Uds.**- ían
Example- Bailar- bailaba, bailabas, bailaba, bailábamos, bailaban	*Example*- Comer- comía, comías, comía, comíamos, comían	*Example*- Vivir- vivía, vivías, vivía, vivíamos, vivían

VOCABULARY

All day - todo el día	**Coffee** - el café	**Homework** - la tarea	**Near** - cerca
Apartment - el apartamento	**Coins** - las monedas	**Inspection** - la inspección	**Often** - a menudo
Apples - las manzanas	**Daily** - diariamente	**Letter** - la carta	**Painting** - la pintura
Award - el premio	**Directions** - las direcciones	**Library** - la biblioteca	**Piano** - el piano
Bills - las facturas	**During** - durante	**Light bulb** - la bombilla	**Question** - la pregunta
Board games - los juegos de mesa	**Earlier** - más temprano	**Lunch** - el almuerzo	**Storm** - la tormenta
Cafeteria - la cafetería	**Fire** - el fuego	**Mail** - el correo	**Story** - el cuento
Car tire - el neumático de auto	**Fish** - el pescado	**Mall** - el centro comercial	**Sunset** - la puesta de sol
Cellar - la bodega	**Garbage** - la basura	**Math** - las matemáticas	**Through** - mediante
Clouds - las nubes	**Hockey** - el hockey	**Movie theater** - el cine	**Wallet** - la cartera

1.   You were ~~resting~~ *washing* in your room.

_____

2.   You were drinking water.

_____

3.   I was ~~running to~~ *calling* the movie theater.

_____

4.   You were understanding the movie (Uds.).

_____

5.   I was opening the door.

_____

6.   You were admiring the work of Picasso (Uds.).

_____

7.   You were walking during the storm (Uds.).

_____

8.   I was driving through a tunnel.

_____

9.   She was bringing lunch to her husband.

_____

10. You were ~~opening~~ *searching for* the door (~~Uds.~~).

_____

11. They were dancing all day.

_____

12. They were seeing their mother.

_____

13. I was accepting my award yesterday.

_____

14. They were admiring the sunset.

_____

15. I was asking about the watch.

_____

16. They were finishing the inspection.

_____

17. They were studying with their friend.

_____

18. She was singing in her room.

_____

19. You were learning English in school.

_____

20. I was returning from the football game.

_____

21. She was traveling through Europe.

_____

22. You were studying with your friend.

_____

23. You were entering the library.

_____

24. She was practicing her speech.

_____

25. I was changing the car tire.

_____

26. They were entering the library.

_____

27. You were walking to the library (Uds.).

_____

28. We were losing in the basketball game.

_____

29. You were asking about the watch.

_____

30. You were learning Spanish in school.

_____

31. We were flying near the clouds.

_____

32. I was assisting my sister with her homework.

_____

33. She was paying the fine.

_____

34. They were returning from the football game.

_____

35. You were drinking coffee in the cafeteria.

_____

36. You were looking for the apples in the cellar (Uds.).

_____

37. You were letting the cows eat grass.

_____

38. You were playing the piano all morning.

_____

39. He was walking to the library.

_____

40. They were flying near the clouds.

_____

41. She was ~~eating in~~ *washing* her car.

_____

42. She was dancing in her room.

_____

43. You were playing the piano all morning (Uds.).

_____

44. They were drinking coffee in the cafeteria.

_____

45. She was completing the question.

_____

46. You were eating in your car.

_____

47. I was laughing all night.

_____

48. They were completing the question.

_____

49. We were entering the library.

_____

50. We were sending the mail from work.

_____

51. She was taking out the garbage.

_____

52.   We were living in an apartment.

_____

53.   We were working hard on the house.

_____

54.   They were paying the fine.

_____

55.   We were receiving letters.

_____

56.   You were flying near the clouds (Uds.).

_____

57.   She was finishing the inspection.

_____

58.   You were completing the question.

_____

59.   I was learning Spanish in school.

_____

60.   They were walking to the library.

_____

61.   You were losing in the basketball game.

_____

62.   She was sending the mail from work.

_____

63.   You were traveling through Europe (Uds.).

_____

64.   They were learning English in school.

_____

65.   You were speaking very fast.

_____

66.   You were following the road (Uds.).

_____

67.   We were baking in the kitchen.

_____

68.   I was bringing lunch to my wife.

_____

69.   She was returning from the football game.

_____

70.   She was telling a story by the fire.

_____

71.   They were bringing lunch to their wives.

_____

72.   She was entering the library.

_____

73.   They were sending the mail from work.

_____

74.   You were frying fish earlier.

_____

75.   I was walking to the library.

_____

76.   I was seeing my mother.

_____

77.   You were buying clothes at the mall.

_____

78.   You were writing a long letter.

_____

79.   She was buying clothes at the mall.

_____

80.   You were selling the coins.

_____

81.   She was running to the movie theater.

_____

82.   She was driving through a tunnel.

_____

83.   She was losing in the basketball game.

_____

84.   She was assisting her sister with her homework.

_____

85.   They were drinking water.

_____

86.   We were playing the piano all morning.

_____

87.   You were completing the question (Uds.).

_____

88.   You were paying the fine.

_____

89.   You were assisting your sister with her homework.

_____

90.   We were visiting a friend.

_____

91.   You were understanding the movie.

_____

92.   You were accompanying your friend to the movies yesterday.

_____

93.   She was letting the cows eat grass.

_____

94.   They were accompanying their friend to the movies yesterday.

_____

95.   I was learning English in school.

_____

96.   You were following the road.

_____

97.   She was playing the piano all morning.

_____

98.   You were finishing the inspection (Uds.).

_____

99.   She was reading the magazine on the boat.

_____

100.   They were accepting their award yesterday.

_____

101.   You were learning Spanish in school (Uds.).

_____

102.   You were buying clothes at the mall (Uds.).

_____

103. You were bringing lunch to your wife.

_____

104. You were selling coins (Uds.).

_____

105. You were looking for the apples in the cellar.

_____

106. We were speaking very fast.

_____

107. We were changing car tire.

_____

108. You were returning from the football game.

_____

109. They were working hard on the house.

_____

110. I was understanding the movie.

_____

111. We were bringing lunch to our wives.

_____

112. She was teaching her friend math.

_____

113. She was drinking water.

_____

114. She was receiving letters.

_____

115. You were telling a story by the fire.

_____

116. I was playing the piano all morning.

_____

117. I was telling a story by the fire.

_____

118. We were looking for the apples in the cellar.

_____

119. You were letting the cows eat grass (Uds.).

_____

120. They were visiting a friend.

---

121. She was flying near the clouds.

---

122. We were assisting our sister with her homework.

---

123. They were running to the movie theater.

---

124. I was beginning to return.

---

125. We were returning from the football game.

---

126. We were resting in our room.

---

127. We were taking out the garbage.

---

128. You were changing the car tire.

---

129. We were telling a story by the fire.

---

130. I was teaching my friend math.

---

131. We were completing the question.

---

132. We were driving through a tunnel.

---

133. She was laughing all night.

---

134. They were living in an apartment.

---

135. I was following the road.

---

136. She was writing a long letter.

---

137.   I was frying fish earlier.

_____

138.   She was asking about the watch.

_____

139.   We were letting the cows eat grass.

_____

140.   I was studying with my friend.

_____

141.   She was drinking coffee in the cafeteria.

_____

142.   She was working hard on the house.

_____

143.   We were opening the door.

_____

144.   You were learning English in school (Uds.).

_____

145.   I was writing a long letter.

_____

146.   We were drinking water.

_____

147.   We were walking to the library.

_____

148.   They were asking about the watch.

_____

149.   You were singing in your room.

_____

150.   I was admiring the sunset.

_____

151.   I was reading the magazine on the boat.

_____

152.   You were receiving letters.

_____

153.   She was beginning to return.

_____

154. They were learning Spanish in school.

_____

155. We were singing in our room.

_____

156. You were paying the fine (Uds.).

_____

157. We were admiring the work of Picasso.

_____

158. They were taking out the garbage.

_____

159. You were reading the magazine on the boat.

_____

160. She was living in an apartment.

_____

161. You were studying with your friend (Uds.).

_____

162. I was dancing in my room.

_____

163. They were resting in their room.

_____

164. He was admiring the sunset.

_____

165. I was eating in my car.

_____

166. You were flying near the clouds.

_____

167. They were playing the piano all morning.

_____

168. You were dancing all day (Uds.).

_____

169. We were accepting our award yesterday.

_____

170. We were reading the magazine on the boat.

_____

171.   We were selling the coins.

172.   They were understanding the movie.

173.   You were drinking water (Uds.).

174.   We were eating in our car.

175.   I was singing in my room.

176.   They were buying clothes at the mall.

177.   You were accepting your award yesterday.

178.   We were understanding the movie.

179.   You were receiving letters (Uds.).

180.   She was frying fish earlier.

181.   You were running to the movie theater (Uds.).

182.   You were drinking coffee in the cafeteria (Uds.).

183.   You were laughing all night (Uds.).

184.   They were speaking very fast.

185.   She was walking during the storm.

186.   We were walking during the storm.

187.   I was sending the mail from work.

188.　We were dancing in our room.

189.　I was completing the question.

190.　You were finishing the inspection.

191.　We were teaching our friend math.

192.　I was looking for the apples in the cellar.

193.　I was finishing the inspection.

194.　I was working hard on the house.

195.　I was losing in the basketball game.

196.　We were writing a long letter.

197.　You were taking out the garbage (Uds.).

198.　I was accompanying my friend to the movies yesterday.

199.　You were changing the light bulb.

200.　We were learning Spanish in school.

201.　They were eating in their car.

202.　You were working hard on the house.

203.　You were walking to the library.

204.　You were living in an apartment.

205.   I was taking out the garbage.

_____

206.   I was walking during the storm.

_____

207.   I was flying near the clouds.

_____

208.   They were losing in the basketball game.

_____

209.   They were reading the magazine on the boat.

_____

210.   You were driving through a tunnel (Uds.).

_____

211.   She was changing the light bulb.

_____

212.   We were studying with our friend.

_____

213.   I was dancing all day.

_____

214.   You were eating in my car (Uds.).

_____

215.   You were taking out the garbage.

_____

216.   They were walking during the storm.

_____

217.   She was learning English in school.

_____

218.   She was baking in the kitchen.

_____

219.   She was looking for the apples in the cellar.

_____

220.   They were changing the light bulb.

_____

Chapter

5

Conditional Tense

For AR Verbs	For ER Verbs	For IR Verbs
- Keep whole verb	- Keep whole verb	- Keep whole verb
- Add to end	- Add to end	- Add to end
yo- ía nosotros- íamos tú- ías él/ella/Ud.- ía ellos/Uds.- ían	yo- ía nosotros- íamos tú- ías él/ella/Ud.- ía ellos/Uds.- ían	yo- ía nosotros- íamos tú- ías él/ella/Uds.- ía ellos/Uds.- ían
Example- Bailar- bailaría, bailarías, bailaría, bailaríamos, bailarían	*Example-* Comer- comería, comerías, comería, comeríamos, comerían	*Example-* Vivir- viviría, vivirías, viviría, viviríamos, vivirían

VOCABULARY

Along - a lo largo	**Evening** - la noche	**Joke** - la broma	**Plane** - el avión
Answer - la respuesta	**Faster** - más rápido	**Lock** - la cerradura	**Purse** - la bolsa
Birthday card - la tarjeta de cumpleaños	**In front of** - en frente de	**Lottery** - la lotería	**Puzzle** - el rompecabezas
Bottle - la botella	**Fruit** - la fruta	**Math** - las matemáticas	**Reunion** - la reunión
Car - el auto	**Funny** - cómico	**Message** - el mensaje	**River** - el río
City - la ciudad	**Game** - el juego	**Movie** - la película	**Stamps** - los sellos
Discussion - la discusión	**Garbage** - la basura	**Neighbor** - el vecino	**Teacher** - el maestro
Doctor - el doctor	**Guitar** - la guitarra	**Package** - el paquete	**Test** - el examen
During - durante	**Ice cream** - el helado	**Painting** - la pintura	**Tunnel** - el túnel
Early - temprano	**Job** - el trabajo	**Piano** - el piano	**Until** - hasta

1. They would open the bottle.

_____

2. I would sing in front of my family.

_____

3. He would want more food.

_____

4. We would begin by reading.

_____

5. We would play the guitar first.

_____

6. You would live in Chicago.

_____

7. We would take out the garbage.

_____

8. He would eat all of the ice cream.

_____

9. You would change the lock (Uds.).

_____

10. I would bake at the reunion.

_____

11. We would lend everything to our neighbor.

_____

12. I would run along the river.

_____

13. He would laugh if the joke was funny.

_____

14. They would send a birthday card to her.

_____

15. They would bake at the reunion.

_____

16. You would sell all of the stamps.

_____

17. They would pay for water.

_____

18.　　He would fry the food first.

_____

19.　　I would play the guitar first.

_____

20.　　You would find the book first.

_____

21.　　They would lend everything to their neighbor.

_____

22.　　They would learn piano if they had money.

_____

23.　　You would visit the city (Uds.).

_____

24.　　They would read that letter again.

_____

25.　　I would change the lock.

_____

26.　　He would tell the answer if he knew.

_____

27.　　I would walk faster.

_____

28.　　They would leave an hour early.

_____

29.　　We would understand the message.

_____

30.　　We would listen to that song again.

_____

31.　　They would return to the store.

_____

32.　　They would smile if they won the lottery.

_____

33.　　I would understand the message.

_____

34.　　You would see the doctor first.

_____

35.   They would teach in the gymnasium.

_____

36.   He would write a birthday card.

_____

37.   They would admire the sun in the evening.

_____

38.   You would rest during the movie.

_____

39.   I would write a birthday card.

_____

40.   We would receive the package.

_____

41.   I would study for the math test.

_____

42.   You would open the bottle (Uds.).

_____

43.   You would drive to the mall.

_____

44.   He would teach in the gymnasium.

_____

45.   He would read that letter again.

_____

46.   I would find the book first.

_____

47.   I would visit the city.

_____

48.   He would change the lock.

_____

49.   He would return to the store.

_____

50.   You would study for the math test.

_____

51.   He would give the car to his neighbor.

_____

52.   They would fry the food first.

_____

53.   You would travel for good food.

_____

54.   We would give the car to our neighbor.

_____

55.   I would smile if I won the lottery.

_____

56.   They would never forget their purses.

_____

57.   I would laugh if the joke was funny.

_____

58.   They would wait by the door.

_____

59.   I would live in Chicago.

_____

60.   He would assist his teacher during class.

_____

61.   I would receive the package.

_____

62.   We would sell all of the stamps.

_____

63.   He would lend everything to his neighbor.

_____

64.   He would send a birthday card to her.

_____

65.   He would play the guitar first.

_____

66.   We would bring more water.

_____

67.   You would write a birthday card (Uds.).

_____

68.   He would wait by the door.

_____

69. He would follow the street until the library.

70. I would give the car to my neighbor.

71. You would fry the food first.

72. They would accept the job.

73. They would play the guitar first.

74. You would read that letter again (Uds.).

75. He would finish the painting.

76. He would receive the package.

77. You would live in Chicago (Uds.).

78. You would see the doctor first (Uds.).

79. We would send a birthday card to her.

80. I would fly in a plane.

81. You would assist your teacher during class.

82. We would enter the tunnel during the day.

83. He would sing in front of his family.

84. He would visit the city.

85. They would find the book first.

86.   You would admire the sun in the evening (Uds.).

_____

87.   They would give the car to their neighbor.

_____

88.   You would open the bottle.

_____

89.   You would play the guitar first.

_____

90.   We would leave an hour early.

_____

91.   You would give the car to your neighbor.

_____

92.   You would look for the car.

_____

93.   I would teach in the gymnasium.

_____

94.   You would fry the food first (Uds.).

_____

95.   We would practice writing in class.

_____

96.   You would owe money to the store (Uds.).

_____

97.   They would want more food.

_____

98.   I would complete the puzzle.

_____

99.   They would work all night.

_____

100.   I would open the bottle.

_____

101.   They would travel for good food.

_____

102.   He would enter the tunnel during the day.

_____

103.   We would live in Chicago.

_____

104.   He would open the bottle.

_____

105.   We would ask how to play the game.

_____

106.   We would tell the answer if we knew.

_____

107.   We would study for the math test.

_____

108.   I would drink water before running.

_____

109.   You would listen to that song again (Uds.).

_____

110.   I would speak in the room.

_____

111.   We would pay for water.

_____

112.   We would owe money to the store.

_____

113.   I would wait by the door.

_____

114.   You would laugh if the joke was funny.

_____

115.   We would lose if we played chess.

_____

116.   He would rest during the movie.

_____

117.   You would work all night.

_____

118.   They would drive to the mall.

_____

119.   They would listen to that song again.

_____

120.   You would run along the river.

121.   They would ask how to play the game.

122.   I would listen to that song again.

123.   He would dance with Lucia.

124.   You would teach in the gymnasium.

125.   He would pay for water.

126.   They would take out the garbage.

127.   I would want more food.

128.   You would study for the math test (Uds.).

129.   You would sing in front of your family.

130.   We would admire the sun in the evening.

131.   They would tell the answer if they knew.

132.   They would complete the puzzle.

133.   We would follow the street until the library.

134.   We would sing in front of our family.

135.   They would look for the keys first.

136.   You would travel for good food (Uds.).

137. He would look for the keys first.

_____

138. He would study for the math test.

_____

139. They would fly in a plane.

_____

140. We would finish the painting.

_____

141. We would return to the store.

_____

142. We would rest during the movie.

_____

143. He would practice writing in class.

_____

144. You would look for the keys first (Uds.).

_____

145. They would speak in the room.

_____

146. He would drink water before running.

_____

147. You would drink water before running.

_____

148. He would complete the puzzle.

_____

149. You would learn piano if you had money.

_____

150. They would dance with John.

_____

151. He would buy all the fruit.

_____

152. They would live in Chicago.

_____

153. I would leave an hour early.

_____

154. We would work all night.

155. I would bring more water.

156. They would run along the river.

157. We would fry the food first.

158. We would accept the job.

159. I would work all night.

160. You would bring more water.

161. I would dance with John.

162. You would understand the message.

163. They would drink water before running.

164. You would finish the painting .

165. He would listen to that song again.

166. We would buy all the fruit.

167. They would buy all the fruit.

168. We would complete the puzzle.

169. He would live in Chicago.

170. They would rest during the movie.

171. She would enter the tunnel during the day.

_____

172. I would sell all of the stamps.

_____

173. He would ask how to play the game.

_____

174. You would tell the answer if you knew.

_____

175. I would tell the answer if I knew.

_____

176. He would work all night.

_____

177. They would sell all of the stamps.

_____

178. He would understand the message.

_____

179. He would accept the job.

_____

180. He would bake at the reunion.

_____

181. You would send a birthday card to her.

_____

182. They would bring more water.

_____

183. You would admire the sun in the evening.

_____

184. I would practice writing in class.

_____

185. You would follow the street until the library.

_____

186. You would read that letter again.

_____

187. We would teach in the gymnasium.

_____

188. You would practice writing in class.

189. You would enter the tunnel during the day.

190. You would run along the river (Uds.).

191. They would assist their teacher during class.

192. You would receive the package.

193. He would leave an hour early.

194. I would begin by reading.

195. You would teach in the gymnasium (Uds.).

196. You would bake at the reunion.

197. He would begin by reading.

198. You would write a birthday card.

199. He would find the book first.

200. I would return to the store.

201. He would look for the car.

202. They would walk faster.

203. They would follow the street until the library.

204. You would eat all of the ice cream (Uds.).

205.   He would admire the sun in the evening.

_____

206.   You would begin by reading.

_____

207.   You would listen to that song again.

_____

208.   We would look for the keys first.

_____

209.   He would smile if he won the lottery.

_____

210.   He would sell all of the stamps.

_____

211.   We would find the book first.

_____

212.   You would change the lock.

_____

213.   I would owe money to the store.

_____

214.   We would fly in a plane.

_____

215.   You would eat all of the ice cream.

_____

216.   He would owe money to the store.

_____

217.   We would look for the car.

_____

218.   We would write a birthday card.

_____

219.   I would ask how to play the game.

_____

Chapter
6
Conditional Perfect

For AR, ER and IR Verbs

- Use conditional of haber + past part. of verb

yo- habría	**nosotros-** habríamos
tú- habrías	
él/ella/Ud.- habría	**ellos/Uds.-** habrían

Example- Bailar-yo habría bailado, tú habrías bailado, ella habría bailado, nosotros habríamos bailado, ellos habrían bailado

Example- Comer-yo habría comido, tú habrías comido, ella habría comido, nosotros habríamos comido, ellos habrían comido

VOCABULARY

Advice - el consejo	**Door** - la puerta	**Microwave** - el microondas	**Road** - el camino
All - todas/todos	**Fish** - el pescado	**Neighbor** - el vecino	**Shark** - el tiburón
Apple juice - el jugo de manzana	**French fries** - las papas fritas	**Night** - la noche	**Shirt** - la camisa
Bottle - la botella	**Game** - el juego	**Offer** - la oferta	**Suitcase** - la maleta
Building - el edificio	**Grandpa** - el abuelo	**On time** - a tiempo	**Time** - el tiempo
Capital - la capital	**Last night** - anoche	**Onions** - las cebollas	**Truth** - la verdad
City - la ciudad	**Letter** - la carta	**Package** - el paquete	**View** - la vista
Cookies - las galletas	**Library** - la biblioteca	**Painting** - la pintura	**Weather** - el clima
Dining room - el comedor	**Mail** - el correo	**Park** - el parque	**Work** - el trabajo
Directions - las direcciones	**Market** - el mercado	**Project** - el proyecto	

1. You would have eaten french fries (Uds.).

_____

2. I would have danced in the city.

_____

3. I would have visited Jeff at the hospital.

_____

4. You would have waited until 9:00 PM (Uds.).

_____

5. You would have visited Jeff at the hospital.

_____

6. You would have seen a shark.

_____

7. You would have sold the microwave.

_____

8. I would have bought the shirt.

_____

9. I would have begun last night.

_____

10. You would have lost the soccer game.

_____

11. You would have returned after dinner.

_____

12. We would have visited Jeff at the hospital.

_____

13. We would have taught our mom to draw.

_____

14. She would have spoken to the doctor first.

_____

15. You would have studied for the exam (Uds.).

_____

16. You would have opened the door.

_____

17. We would have eaten dinner.

_____

18.   I would have entered from the dining room.

_____

19.   They would have asked about the weather.

_____

20.   I would have seen a shark.

_____

21.   They would have fried the onions.

_____

22.   We would have walked to the building.

_____

23.   I would have drove to the park.

_____

24.   You would have accepted the offer (Uds.).

_____

25.   I would have changed the game.

_____

26.   You would have taught your mom to draw.

_____

27.   We would have played the guitar today.

_____

28.   She would have finished the project on time.

_____

29.   They would have learned English.

_____

30.   You would have baked cookies.

_____

31.   They would have opened the door.

_____

32.   She would have returned after dinner.

_____

33.   You would have seen a shark (Uds.).

_____

34.   They would have eaten french fries.

_____

35.   You would have owed the museum a painting (Uds.).

_____

36.   She would have smiled.

_____

37.   You would have sang last night (Uds.).

_____

38.   We would have found the road.

_____

39.   She would have forgotten to buy food.

_____

40.   She would have baked cookies.

_____

41.   They would have spoken to the doctor first.

_____

42.   We would have learned English.

_____

43.   She would have flown to the capital.

_____

44.   We would have admired the view from the hotel.

_____

45.   She would have asked about the weather.

_____

46.   We would have entered from the dining room.

_____

47.   You would have found the road.

_____

48.   I would have rested all night.

_____

49.   They would have smiled.

_____

50.   She would have owed the museum a painting.

_____

51.   You would have visited Jeff at the hospital (Uds.).

_____

52. They would have flown to the capital.

_____

53. We would have opened the letter.

_____

54. She would have sent the money through mail.

_____

55. You would have lived far from the city.

_____

56. You would have followed the advice of the man.

_____

57. I would have eaten dinner.

_____

58. You would have sent the package.

_____

59. You would have received the mail yesterday.

_____

60. We would have spoken to the doctor first.

_____

61. She would have assisted her sister last night.

_____

62. We would have believed the earth is flat.

_____

63. I would have lost the soccer game.

_____

64. You would have left during the football game.

_____

65. I would have returned after dinner.

_____

66. We would have bought the shirt.

_____

67. They would have opened the package.

_____

68. She would have worked for the government.

_____

69. We would have assisted our sister last night.

_____

70. You would have worked for the government.

_____

71. I would have lived far from the city.

_____

72. I would have brought the suitcase.

_____

73. We would have brought the suitcase.

_____

74. We would have completed the work.

_____

75. We would have lost the soccer game.

_____

76. I would have traveled with you.

_____

77. You would have bought fish from the market (Uds.).

_____

78. You would have walked to the building (Uds.).

_____

79. You would have ran in the evening (Uds.).

_____

80. I would have eaten french fries.

_____

81. They would have returned after dinner.

_____

82. You would have sent the money through mail.

_____

83. They would have eaten dinner.

_____

84. You would have left during the football game (Uds.).

_____

85. She would have drank the bottle of apple juice.

_____

86.   They would have rested all night.

87.   They would have studied for the exam.

88.   I would have drank the bottle of apple juice.

89.   You would have given John more time (Uds.).

90.   She would have traveled with you.

91.   She would have waited for the bus.

92.   We would have looked for the dog.

93.   I would have opened the letter.

94.   You would have returned after dinner (Uds.).

95.   You would have sang last night.

96.   They would have entered from the dining room.

97.   I would have finished the project on time.

98.   We would have ran in the evening.

99.   I would have worked for the government.

100.   She would have learned English.

101.   We would have sent the package.

102.   We would have left during the football game.

103. You would have rested all night (Uds.).

_____

104. She would have sent the package.

_____

105. I would have spoken to the doctor first. .

_____

106. You would have found the library.

_____

107. You would have looked for the dog.

_____

108. She would have sold the microwave.

_____

109. You would have eaten dinner (Uds.).

_____

110. You would have opened the package.

_____

111. You would have told the truth.

_____

112. She would have waited until 9:00 PM.

_____

113. You would have accepted the offer.

_____

114. You would have spoken to the doctor first (Uds.).

_____

115. We would have baked cookies.

_____

116. She would have danced in the city.

_____

117. You would have ran in the evening.

_____

118. I would have admired the view from the hotel.

_____

119. We would have finished the project on time.

_____

120. She would have given John more time.

121. We would have studied for the exam.

122. I would have bought fish from the market.

123. They would have begun last night.

124. You would have owed the museum a painting.

125. You would have learned Spanish from your neighbor.

126. He would have bought the shirt.

127. We would have waited until 9:00 PM.

128. You would have told the truth (Uds.).

129. They would have danced in the city.

130. They would have waited for the bus.

131. She would have walked to the building.

132. I would have taught my mom to draw.

133. I would have laughed during the movie.

134. They would have completed the work.

135. We would have drank the bottle of apple juice.

136. We would have forgotten to buy food.

137. They would have lent a book to the library.

_____

138. I would have walked to the building.

_____

139. You would have rested at their house (Uds.).

_____

140. She would have lived far from the city.

_____

141. She would have begun last night.

_____

142. You would have spoken to the doctor first.

_____

143. She would have eaten french fries.

_____

144. You would have worked for the government (Uds.).

_____

145. We would have drove to the park.

_____

146. You would have completed the work.

_____

147. I would have baked cookies.

_____

148. You would have drank the bottle of apple juice (Uds.).

_____

149. You would have admired the view from the hotel (Uds.).

_____

150. I would have followed the advice of the man.

_____

151. You would have opened the package (Uds.).

_____

152. She would have left during the football game.

_____

153. I would have owed the museum a painting.

_____

154. They would have found the library.

155. They would have seen a shark.

156. We would have sent the money through mail.

157. She would have lost the soccer game.

158. You would have eaten french fries.

159. They would have walked to the store.

160. We would have traveled with you.

161. They would have worked for the government.

162. We would have listened to our grandpa.

163. They would have drank the bottle of apple juice.

164. You would have studied in your room.

165. You would have written a letter (Uds.).

166. We would have smiled.

167. They would have believed the earth is flat.

168. He would have eaten dinner.

169. They would have laughed during the movie.

170. You would have fried the onions.

171. She would have received the mail yesterday.

_____

172. We would have waited for the bus.

_____

173. We would have lent a book to the library.

_____

174. You would have found the road (Uds.).

_____

175. They would have accepted the offer.

_____

176. You would have opened the letter (Uds.).

_____

177. I would have looked for the dog.

_____

178. I would have given John more time.

_____

179. You would have entered from the dining room.

_____

180. They would have received the mail yesterday.

_____

181. You would have rested all night.

_____

182. They would have forgotten to buy food.

_____

183. They would have brought the suitcase.

_____

184. I would have practiced writing.

_____

185. I would have asked about the weather.

_____

186. She would have listened to her grandpa.

_____

187. You would have changed the game.

_____

188. You would have eaten dinner.

189. We would have asked about the weather.

190. They would have written a letter.

191. He would have opened the package.

192. They would have given John more time.

193. We would have worked for the government.

194. I would have learned English.

195. She would have completed the work.

196. She would have opened the letter.

197. We would have learned Spanish from our neighbor.

198. I would have fried the onions.

199. I would have sent the package.

200. You would have looked for the dog (Uds.).

201. She would have entered from the dining room.

202. They would have admired the view from the hotel.

203. You would have looked for the shirt (Uds.).

204. You would have written a letter.

205.   I would have completed the work.

_____

206.   She would have brought the suitcase.

_____

207.   You would have changed the game (Uds.).

_____

208.   They would have bought the shirt.

_____

209.   I would have believed the earth is flat.

_____

210.   She would have looked for the dog.

_____

211.   She would have ran in the evening.

_____

212.   I would have learned Spanish from my neighbor.

_____

213.   I would have assisted my sister last night.

_____

214.   I would have written a letter.

_____

215.   You would have opened the door (Uds.).

_____

216.   They would have changed the game.

_____

217.   You would have danced in the city.

_____

218.   You would have lent a book to the library.

_____

219.   They would have sold the microwave.

_____

220.   You would have flown to the capital.

_____

Chapter

Past Perfect Indicative

For AR, ER and IR Verbs

- Use imperfect indicative haber + past part. of verb

yo- había   **nosotros-** habíamos

tú- habías

él/ella/Ud.- había   **ellos/Uds.-** habían

Example- Bailar-yo había bailado, tú habías bailado, ella había bailado, nosotros habíamos bailado, ellos habían bailado

Example- Comer-yo había comido, tú habías comido, ella había comido, nosotros habíamos comido, ellos habían comido

VOCABULARY

Advice - el consejo	**Everything** - todo	**Jar** - el tarro	**Park** - el parque
Answer - la respuesta	**Exam** - el examen	**Letter** - la carta	**Past** - el pasado
Band - la banda	**Field** - el campo	**Lies** - las mentiras	**Place** - el lugar
Beach - la playa	**Free** - libre	**Mail** - el correo	**Position** - la posición
Bill - la cuenta	**Grease** - la grasa	**Map** - el mapa	**Problem** - el problema
Boat - el barco	**Guitar** - la guitarra	**Mirror** - el espejo	**Rain** - la lluvia
Cave - la cueva	**Hamburger** - la hamburguesa	**Movies** - las películas	**Science** - la ciencia
Classmate - el compañero de clase	**Homework** - la tarea	**Neighbor** - el vecino	**Soda** - el refresco
Couch - el sofá	**Ice cream** - el helado	**Nephew** - el sobrino	**Stadium** - el estadio
Directions - las direcciones	**Instead** - en vez de	**Ocean** - el océano	**Subway** - el subterráneo

1.   We had brought food to the park.

_____

2.   They had practiced all night.

_____

3.   You had sent the shoes with UPS.

_____

4.   You had changed the mirror (Uds.).

_____

5.   She had lived near the subway.

_____

6.   We had followed all of the directions.

_____

7.   They had sold the jars to Bill.

_____

8.   We had spoken to the man at the desk.

_____

9.   We had rested on the beach.

_____

10.   She had found the answer in the book.

_____

11.   I had walked to my house.

_____

12.   You had understood everything.

_____

13.   You had smiled yesterday (Uds.).

_____

14.   You had baked on the boat.

_____

15.   I had finished all of the food.

_____

16.   They had visited every town in Texas.

_____

17.   I had studied for the science exam.

_____

18.   You had drunk water instead of soda.

_____

19.   She had entered the bathroom.

_____

20.   They had believed grease is bad.

_____

21.   I had accepted the position.

_____

22.   We had visited every town in Texas.

_____

23.   You had received the couch (Uds.).

_____

24.   You had left at night.

_____

25.   She had sang at the stadium.

_____

26.   They had driven in the rain.

_____

27.   We had taught the dog to sit.

_____

28.   I had lost the map.

_____

29.   She had drunk water instead of soda.

_____

30.   We had paid the electric bill.

_____

31.   You had bought pencils for class.

_____

32.   They had lost the map.

_____

33.   You had read everything in the house (Uds.).

_____

34.   We had wanted to eat Chinese food.

_____

35.   They had opened the door.

_____

36.   I had lived near the subway.

_____

37.   We had lived near the subway.

_____

38.   She had eaten a hamburger.

_____

39.   She had believed grease is bad.

_____

40.   I had visited every town in Texas.

_____

41.   They had received the couch.

_____

42.   They had brought food to the park.

_____

43.   She had spoken to the man at the desk.

_____

44.   They had traveled with their friend.

_____

45.   We had given our nephew a new car.

_____

46.   I had admired the work of Howard Hughes.

_____

47.   They had followed all of the directions.

_____

48.   She had paid the electric bill.

_____

49.   You had sang at the stadium.

_____

50.   I had entered the bathroom.

_____

51.   You had asked about the car (Uds.).

_____

52.   We had believed grease is bad.

_____

53.   You had waited in the car (Uds.).

_____

54.   You had begun the problem (Uds.).

_____

55.   I had followed all of the directions.

_____

56.   I had understood everything.

_____

57.   I had learned guitar in my free time.

_____

58.   She had followed all of the directions.

_____

59.   You had rested on the beach (Uds.).

_____

60.   You had practiced all night (Uds.).

_____

61.   She had traveled with her friend.

_____

62.   You had listened to the advice (Uds.).

_____

63.   She had written a book.

_____

64.   She had opened the door.

_____

65.   She had lost the map.

_____

66.   You had entered the bathroom.

_____

67.   We had read everything in the house.

_____

68.   I had opened the door.

_____

69.   You had entered the bathroom (Uds.).

_____

70.   You had rested on the beach.

_____

71.   We had completed our work.

_____

72.   You had driven in the rain.

_____

73.   I had danced this morning.

_____

74.   You had written a book (Uds.).

_____

75.   You had believed grease is bad.

_____

76.   She had accepted the position.

_____

77.   You had studied for the science exam.

_____

78.   You had begun the problem.

_____

79.   I had looked in the cave for my phone.

_____

80.   I had laughed while driving.

_____

81.   You had walked to my house.

_____

82.   She had read everything in the house.

_____

83.   You had given your nephew a new car.

_____

84.   She had driven in the rain.

_____

85.   She had lent a pen to a classmate.

_____

86.	I had written a book.

_____

87.	I had sold the jars to Bill.

_____

88.	You had found the answer in the book.

_____

89.	She had let the fish go into the water.

_____

90.	You had visited every town in Texas (Uds.).

_____

91.	I had read everything in the house.

_____

92.	I had run at the soccer field.

_____

93.	She had baked on the boat.

_____

94.	They had begun the problem.

_____

95.	She had flown over the ocean.

_____

96.	I had smiled yesterday.

_____

97.	They had walked to my house.

_____

98.	She had bought pencils for class.

_____

99.	We had baked on the boat.

_____

100.	They had bought pencils for class.

_____

101.	You had listened to the advice.

_____

102.	They had studied for the science exam.

_____

103.   They had lived near the subway.

_____

104.   They had given their nephew a new car.

_____

105.   She had admired the work of Howard Hughes.

_____

106.   She had walked to my house.

_____

107.   I had practiced all night.

_____

108.   We had walked to my house.

_____

109.   She had completed her work.

_____

110.   You had wanted to eat Chinese food (Uds.).

_____

111.   You had given your nephew a new car (Uds.).

_____

112.   We had lent a pen to a classmate.

_____

113.   You had sang at the stadium (Uds.).

_____

114.   You had walked to the movie theater.

_____

115.   I had sang at the stadium.

_____

116.   You had let the fish go into the water (Uds.).

_____

117.   I had believed grease is bad.

_____

118.   They had asked about the car.

_____

119.   They had played the violin in a band.

_____

120.	You had found the answer in the book (Uds.).

121.	You had opened the door.

122.	You had waited in the car.

123.	She had played the violin in a band.

124.	You had lent a pen to a classmate.

125.	They had spoken to the man at the desk.

126.	She had begun the problem.

127.	They had accepted the position.

128.	You had understood everything (Uds.).

129.	We had accepted the position.

130.	You had read everything in the house.

131.	You had followed all of the directions (Uds.).

132.	She had asked about the car.

133.	She had taught the dog to sit.

134.	They had left at night.

135.	You had traveled with your friend (Uds.).

136.	We had looked in the cave for the phone.

137. You had worked all morning.

138. I had bought pencils for class.

139. I had flown over the ocean.

140. They had smiled yesterday.

141. They had listened to the advice.

142. You had spoken to the man at the desk.

143. She had listened to the advice.

144. She had opened the letter.

145. I had seen all of those movies.

146. She had smiled yesterday.

147. She had walked to the movie theater.

148. You had looked in the cave for the phone.

149. They had assisted their neighbor many times.

150. I had driven in the rain.

151. They had opened the letter.

152. We had admired the work of Howard Hughes.

153. They had sent the shoes with UPS.

154. You had traveled with your friend.

155. They had written a book.

156. I had received the couch.

157. You had seen all of those movies.

158. I had rested on the beach.

159. They had wanted to eat Chinese food.

160. We had finished all of the food.

161. They had sang at the stadium.

162. You had run at the soccer field.

163. She had seen all of those movies.

164. You had lost the map.

165. They had worked all morning.

166. I had changed the mirror.

167. She had danced this morning.

168. I had played the violin in a band.

169. We had drunk water instead of soda.

170. We had begun the problem.

171. You had asked about the car.

172. You had finished all of the food.

173. You had admired the work of Howard Hughes.

174. You had admired the work of Howard Hughes (Uds.).

175. You had learned guitar in your free time (Uds.).

176. You had looked in the cave for the phone (Uds.).

177. She had brought food to the park.

178. You had played the violin in a band.

179. They had read everything in the house.

180. We had assisted our neighbor many times.

181. They had seen all of those movies.

182. You had paid the electric bill (Uds.).

183. You had taught the dog to sit.

184. She had given her nephew a new car.

185. I had listened to the advice.

186. You had bought pencils for class (Uds.).

187. She had rested on the beach.

188. She had studied for the science exam.

_____

189. We had practiced all night.

_____

190. I had lent a pen to my classmate.

_____

191. She had looked in the cave for the phone.

_____

192. You had paid the electric bill.

_____

193. I had taught the dog to sit.

_____

194. You had walked to my house (Uds.).

_____

195. We had sang at the stadium.

_____

196. They had looked in the cave for the phone.

_____

197. You had walked to the movie theater (Uds.).

_____

198. They had rested on the beach.

_____

199. They had lent a pen to a classmate.

_____

200. You had learned guitar in your free time.

_____

201. I had let the fish go into the water.

_____

202. They had eaten a hamburger.

_____

203. She had wanted to eat Chinese food.

_____

204. You had visited every town in Texas.

_____

205. They had learned guitar in their free time.

_____

206. They had let the fish go into the water.

_____

207. She had sent the shoes with UPS.

_____

208. You had danced this morning (Uds.).

_____

209. We had understood everything.

_____

210. She had practiced all night.

_____

211. We had let the fish go into the water.

_____

212. You had eaten a hamburger.

_____

213. You had flown over the ocean.

_____

214. We had listened to the advice.

_____

215. You had written a book.

_____

216. I had sent the shoes with UPS.

_____

217. You had run at the soccer field (Uds.).

_____

218. They had changed the mirror.

_____

219. She had learned guitar in her free time.

_____

220. We had smiled yesterday.

_____

Chapter

Present Perfect Indicative

For AR, ER and IR Verbs
- Use present indicative haber + past part. of verb
yo- he   **nosotros-** hemos
tú- has
él/ella/Ud.- ha   **ellos/Uds.-** han
Example- Bailar-yo he bailado, tú has bailado, ella ha bailado, nosotros hemos bailado, ellos han bailado
Example- Comer-yo he comido, tú has comido, ella ha comido, nosotros hemos comido, ellos han comido

VOCABULARY			
Adults - los adultos	**Coach** - el entrenador	**Jet** - el jet	**Place** - el lugar
All - todos/todas	**Coins** - las monedas	**Marathon** - el maratón	**Position** - la posición
Attic - el ático	**Company** - la compañía	**Moon** - la luna	**Snow** - la nieve
Boat - el barco	**Current** - la corriente	**Morning** - la mañana	**Steak** - el bistec
Bottle - la botella	**During** - durante	**Movies** - el cine	**Teacher** - el maestro
Box - la caja	**Golf** - el golf	**News** - las noticias	**Trip** - el viaje
Cake - el pastel	**Gym** - el gimnasio	**Ocean** - el océano	**Truth** - la verdad
Case - el caso	**Healthy** - saludable	**Once** - una vez	**Types** - los tipos
Castle - el castillo	**Horse** - el caballo	**Past** - el pasado	**Video game** - el videojuego
Cell phone - el celular	**In front of** - en frente de	**Phone bill** - la factura de teléfono	**Wallet** - la cartera

1. You have brought all of the money.

_____

2. They have seen the moon.

_____

3. I have returned to the town.

_____

4. We have danced all our life.

_____

5. You have followed the ocean current.

_____

6. You have accepted the position (Uds.).

_____

7. She has written two books.

_____

8. They have driven in the snow.

_____

9. She has baked all day.

_____

10. You have waited all night (Uds.).

_____

11. She has spoken in front of one hundred people.

_____

12. We have wanted a boat in the past.

_____

13. She has brought all of the money.

_____

14. They have flown in a jet.

_____

15. You have danced all your life.

_____

16. You have studied all morning.

_____

17. I have accepted the position.

_____

18.   She has paid the phone bill.

_____

19.   I have bought cake in that restaurant.

_____

20.   You have taught algebra to adults (Uds.).

_____

21.   We have traveled to Florida.

_____

22.   They have completed the problem.

_____

23.   I have learned French.

_____

24.   You have followed the ocean current (Uds.).

_____

25.   I have walked in the marathon.

_____

26.   She has assisted her neighbor many times.

_____

27.   You have played the trumpet for five years.

_____

28.   You have seen the moon (Uds.).

_____

29.   I have accompanied my neighbor to the movies in the past.

_____

30.   We have studied all morning.

_____

31.   They have eaten steak at school.

_____

32.   I have sent the case of water.

_____

33.   I have fried Oreos once.

_____

34.   You have opened the bottle (Uds.).

_____

35.   They have owed money to that company.

_____

36.   You have received bad news (Uds.).

_____

37.   You have visited all of Peru (Uds.).

_____

38.   We have paid the phone bill.

_____

39.   She has worked in attics in the summer.

_____

40.   You have read the newspaper.

_____

41.   She has left the room.

_____

42.   She has opened the bottle.

_____

43.   They have assisted their neighbor many times.

_____

44.   I have flown in a jet.

_____

45.   We have walked in the marathon.

_____

46.   You have accompanied your neighbor to the movies in the past.

_____

47.   We have spoken in front of one hundred people.

_____

48.   We have rested for two hours.

_____

49.   She has read the newspaper.

_____

50.   They have played the trumpet for five years.

_____

51.   I have practiced golf with my dad.

_____

52.   They have understood nothing.

_____

53.   You have lived in a castle.

_____

54.   She has drank juice in the gym.

_____

55.   They have told the truth.

_____

56.   We have driven in the snow.

_____

57.   You have looked for the wallet in the kitchen.

_____

58.   I have driven in the snow.

_____

59.   We have given all our money to the coach.

_____

60.   We have owed money to that company.

_____

61.   They have changed the dining room table.

_____

62.   You have written two books (Uds.).

_____

63.   We have listened to all types of music.

_____

64.   They have danced all their life.

_____

65.   We have baked all day.

_____

66.   They have paid the phone bill.

_____

67.   They have finished three steaks.

_____

68.   She has driven in the snow.

_____

69.	You have bought cake in that restaurant (Uds.).

_____

70.	You have completed the problem (Uds.).

_____

71.	You have bought cake in that restaurant.

_____

72.	They have listened to all types of music.

_____

73.	She has let the horses run.

_____

74.	They have received bad news.

_____

75.	She has seen the moon.

_____

76.	We have eaten steak at school.

_____

77.	You have told the truth.

_____

78.	They have taught algebra to adults.

_____

79.	She has practiced golf with her dad.

_____

80.	They have visited all of Peru.

_____

81.	You have written two books.

_____

82.	They have run on that street.

_____

83.	She has fried Oreos once.

_____

84.	They have drank juice in the gym.

_____

85.	We have sent the case of water.

_____

86. We have let the horses run.

_____

87. I have baked all day.

_____

88. You have walked in the marathon.

_____

89. You have opened the box.

_____

90. I have told the truth.

_____

91. They have worked in attics in the summer.

_____

92. We have read 1000 books.

_____

93. I have opened the bottle.

_____

94. You have baked all day (Uds.).

_____

95. She has accepted the position.

_____

96. We have taught algebra to adults.

_____

97. We have told the truth.

_____

98. We have lent our video game to the store.

_____

99. I have waited all night.

_____

100. I have understood nothing.

_____

101. We have visited all of Peru.

_____

102. I have sold the guitar.

_____

103. They have waited all night.

_____

104. They have lent their video game to the store.

_____

105. You have asked your father about the money.

_____

106. We have looked for the wallet in the kitchen.

_____

107. They have left the room.

_____

108. They have asked their father about the money.

_____

109. They have accompanied their neighbor to the movies in the past.

_____

110. You have begun your trip.

_____

111. I have brought all of the money.

_____

112. They have written two books.

_____

113. We have found coins in the street.

_____

114. You have taught algebra to adults.

_____

115. I have sang in Church.

_____

116. She has asked her father about the money.

_____

117. You have completed the problem.

_____

118. You have accepted the position.

_____

119. We have assisted our neighbor many times.

_____

120.   They have read the newspaper.

121.   We have left the room.

122.   She has received bad news.

123.   You have run on that street.

124.   She has wanted a boat in the past.

125.   You have assisted your neighbor many times.

126.   I have lived in a castle.

127.   She has bought cake in that restaurant.

128.   You have learned French (Uds.).

129.   I have left the room.

130.   They have sent the case of water.

131.   I have eaten steak at school.

132.   We have believed that fruit is healthy.

133.   You have owed money to that company.

134.   She has lost her cell phone.

135.   She has understood nothing.

136.   We have changed the dining room table.

137. They have opened the box.

_____

138. We have flown in a jet.

_____

139. We have received bad news.

_____

140. We have understood nothing.

_____

141. You have wanted a boat in the past.

_____

142. You have let the horses run.

_____

143. They have studied all morning.

_____

144. You have fried Oreos once.

_____

145. You have traveled to Florida (Uds.).

_____

146. You have wanted a boat in the past (Uds.).

_____

147. You have returned to the town.

_____

148. She has run on that street.

_____

149. You have paid the phone bill.

_____

150. I have owed money to that company.

_____

151. I have changed the dining room table.

_____

152. You have brought all of the money (Uds.).

_____

153. I have lent my video game to the store.

_____

154. You have danced all your life (Uds.).

155. We have drank juice in the gym.

156. We have lost our cell phone.

157. She has looked for the wallet in the kitchen.

158. They have brought all of the money.

159. I have laughed all day.

160. You have laughed all day.

161. They have spoken in front of one hundred people.

162. We have asked our father about the money.

163. She has taught algebra to adults.

164. She has laughed all day.

165. I have paid the phone bill.

166. You have read the newspaper (Uds.).

167. You have sent the case of water.

168. I have spoken in front of one hundred people.

169. I have worked in attics in the summer.

170. I have read the newspaper.

171. I have wanted a boat in the past.

_____

172. We have written two books.

_____

173. We have bought cake in that restaurant.

_____

174. I have opened the box.

_____

175. You have sold the guitar.

_____

176. I have run on that street.

_____

177. They have fried Oreos once.

_____

178. She has baked all afternoon.

_____

179. They have learned French.

_____

180. She has followed the ocean current.

_____

181. I have given all my money to the coach.

_____

182. You have finished three steaks.

_____

183. They have followed the ocean current.

_____

184. They have opened the bottle.

_____

185. You have lived in a castle (Uds.).

_____

186. They have given all their money to the coach.

_____

187. We have opened the box.

_____

188. You have given all your money to the coach (Uds.).

_____

189. We have accompanied our neighbor to the movies in the past.

_____

190. I have lost my cell phone.

_____

191. We have brought all of the money.

_____

192. You have understood nothing.

_____

193. You have waited all night.

_____

194. You have seen the moon.

_____

195. She has eaten steak at school.

_____

196. You have drank juice in the gym.

_____

197. I have studied all morning.

_____

198. They have accepted the position.

_____

199. You have given all your money to the coach.

_____

200. I have completed the problem.

_____

201. We have read the newspaper.

_____

202. You have listened to all types of music.

_____

203. We have begun our trip.

_____

204. She has rested for two hours.

_____

205. We have lived in a castle.

_____

206. She has learned French.

_____

207. You have rested for two hours.

_____

208. You have spoken in front of one hundred people (Uds.).

_____

209. You have sang in Church.

_____

210. You have lost your cell phone.

_____

211. You have believed that fruit is healthy.

_____

212. You have driven in the snow (Uds.).

_____

213. You have studied all morning (Uds.).

_____

214. We have completed the problem.

_____

215. She has danced all her life.

_____

216. They have lost their cell phones.

_____

217. We have laughed all day.

_____

218. I have traveled to Florida.

_____

219. She has walked in the marathon.

_____

220. You have changed the dining room table.

_____

Chapter

Putting It All Together

This is the final chapter of the book. All of the sentences from the previous chapters are randomized and put together. All of the vocabulary can be found in the back of the book.

1. She had asked about the car.

2. I was telling a story by the fire.

3. You owe your grandma a new watch.

4. I would have told the truth.

5. You were traveling through Europe (Uds.).

6. You had admired the work of Howard Hughes (Uds.).

7. We see the birds in the tree.

8. I lived in three different countries.

9. They accompany their friend to the movies sometimes.

10. You would have completed the work.

11. She was drinking water.

_____

12. I was following the road.

_____

13. I studied for two hours.

_____

14. You have owed money to that company (Uds.).

_____

15. You were following the road (Uds.).

_____

16. I owe my grandma a new watch.

_____

17. You would accept the job.

_____

18. I changed the rules of the game.

_____

19. You have opened the box.

_____

20. We would have forgotten to buy food.

_____

21. We would learn piano if we had money.

_____

22. I will speak to my grandpa later.

_____

23. He would find the book first.

_____

24. We will complete the problem.

_____

25. They would find the book first.

_____

26. You were playing the piano all morning.

_____

27. I will receive the news tomorrow.

_____

28.   They will fly to Florida tomorrow.

_____

29.   She has studied all morning.

_____

30.   He would enter the tunnel during the day.

_____

31.   You open the door in the morning.

_____

32.   They lose board games often.

_____

33.   You laughed all night (Uds.).

_____

34.   You would have begun last night (Uds.).

_____

35.   We had practiced all night.

_____

36.   We lent the hat to John.

_____

37.   They sent the box earlier.

_____

38.   He would admire the sun in the evening.

_____

39.   We believe in Santa Claus.

_____

40.   You will return to the project tomorrow (Uds.).

_____

41.   You will find the wallet later (Uds.).

_____

42.   They were writing a long letter.

_____

43.   They wanted eggs for breakfast.

_____

44.   We have brought all of the money.

_____

45.   You flew from NY to Greece.

_____

46.   She will play the violin later.

_____

47.   You would have completed the work (Uds.).

_____

48.   You will look for the credit card.

_____

49.   We would have spoken to the doctor first.

_____

50.   They would play the guitar first.

_____

51.   We would have learned Spanish from our neighbor.

_____

52.   They would have finished the project on time.

_____

53.   You would have learned English (Uds.).

_____

54.   We would have assisted our sister last night.

_____

55.   I have flown in a jet.

_____

56.   I have waited all night.

_____

57.   We would take out the garbage.

_____

58.   She will lend money to the school.

_____

59.   We were frying fish earlier.

_____

60.   I had followed all of the directions.

_____

61.   I leave the house at 6:00 AM.

_____

62.   I have looked for my wallet in the kitchen.

_____

63.   They would buy all the fruit.

_____

64.   They follow directions well.

_____

65.   We would have studied for the exam.

_____

66.   They would live in Chicago.

_____

67.   We were living in an apartment.

_____

68.   You would open the bottle (Uds.).

_____

69.   You had opened the letter.

_____

70.   You had opened the letter (Uds.).

_____

71.   They wrote a short letter.

_____

72.   We had told lies to our mom.

_____

73.   We bring our guitar to work.

_____

74.   I will write a speech.

_____

75.   You will dance later (Uds.).

_____

76.   I run every Saturday.

_____

77.   I would have owed the museum a painting.

_____

78.   I walk in the morning.

_____

79.   She was resting in her room.

_____

80.   He walks in the morning.

_____

81.   We would have believed the earth is flat.

_____

82.   We fried fish in the pan.

_____

83.   She had let the fish go into the water.

_____

84.   We pay our bills every month.

_____

85.   We have visited all of Peru.

_____

86.   We would have opened the letter.

_____

87.   She has sent the case of water.

_____

88.   You have practiced golf with your dad.

_____

89.   We will visit our neighbor tomorrow.

_____

90.   We would travel for good food.

_____

91.   She will see the professor today.

_____

92.   I would lend everything to my neighbor.

_____

93.   You were selling coins (Uds.).

_____

94.   I would want more food.

_____

95.   They would send a birthday card to her.

_____

96.   We have seen the moon.

_____

97.   She would have smiled.

_____

98.   I have practiced golf with my dad.

_____

99.   I have finished three steaks.

_____

100.   You have listened to all types of music.

_____

101.   She has opened the bottle.

_____

102.   I would complete the puzzle.

_____

103.   We walked to the store yesterday.

_____

104.   You listen when people speak.

_____

105.   They would have forgotten to buy food.

_____

106.   They were selling the coins.

_____

107.   They have run on that street.

_____

108.   She has looked for the wallet in the kitchen.

_____

109.   We bought a shirt yesterday.

_____

110.   You would have told the truth (Uds.).

_____

111.   You were resting in your room (Uds.).

_____

112.   You were speaking very fast.

_____

113.   You completed the work.

_____

114.   She will pay for new clothes.

_____

115.   I would have walked to the building.

_____

116.   You write poems every Friday.

_____

117.   You pay your bills every month (Uds.).

_____

118.   She was reading the magazine on the boat.

_____

119.   You visited New York last year.

_____

120.   You will finish the game later.

_____

121.   They will return to the project tomorrow.

_____

122.   You understood when he spoke.

_____

123.   You had received the couch (Uds.).

_____

124.   She would have ran in the evening.

_____

125.   She will live for one hundred years.

_____

126.   You will practice math problems later.

_____

127.   I will travel when I have more money.

_____

128.   She will give money to the poor.

_____

129.   You would have walked to the store (Uds.).

_____

130. We saw the dog behind the house.

_____

131. She has spoken in front of one hundred people.

_____

132. We live with our dog.

_____

133. They would have taught their mom to draw.

_____

134. They have wanted a boat in the past.

_____

135. You were walking to the library (Uds.).

_____

136. They will see the professor today.

_____

137. We returned to the house after work.

_____

138. You walked to the store yesterday.

_____

139. You eat eggs in the morning.

_____

140. You would begin by reading.

_____

141. We work in New York.

_____

142. You have played the trumpet for five years.

_____

143. We would have left during the football game.

_____

144. You would leave an hour early.

_____

145. She would have baked cookies.

_____

146. You have paid the phone bill.

_____

147. They were bringing lunch to their wives.

_____

148. We sang at the opera.

_____

149. You want that painting (Uds.).

_____

150. You will study tomorrow.

_____

151. You admired your father.

_____

152. You were eating in your car.

_____

153. He studied for two hours.

_____

154. We were changing the light bulb.

_____

155. I would lose if I played chess.

_____

156. I would teach in the gymnasium.

_____

157. You would have followed the advice of the man.

_____

158. We had baked on the boat.

_____

159. She would have sent the money through mail.

_____

160. They have traveled to Florida.

_____

161. You bring your guitar to work.

_____

162. They would have assisted their sister last night.

_____

163. You believe in Santa Claus.

_____

164. We will bring food to the party.

165. We would have returned after dinner.

166. I would take out the garbage.

167. We would have lost the soccer game.

168. I practiced running for the marathon.

169. They have owed money to that company.

170. She will follow the path in the mountain.

171. I taught English for twenty years.

172. We had sold the jars to Bill.

173. They were changing the car tire.

174. You would have owed the museum a painting (Uds.).

175. He studies physics in college.

176. He would finish the painting.

177. We will work until 10:00 PM.

178. He would have looked for the shirt.

179. She has run on that street.

180. You would have opened the package.

181.   You would listen to that song again.

_____

182.   You had worked all morning.

_____

183.   You would work all night.

_____

184.   They had accepted the position.

_____

185.   She will practice math problems later.

_____

186.   She had changed the mirror.

_____

187.   I eat eggs in the morning.

_____

188.   You owed your brother money.

_____

189.   You read the newspaper in the morning.

_____

190.   You learn Spanish in school (Uds.).

_____

191.   She had studied for the science exam.

_____

192.   You forget your wallet sometimes.

_____

193.   I would have forgotten to buy food.

_____

194.   They were traveling through Europe.

_____

195.   I find this movie boring.

_____

196.   They have fried Oreos once.

_____

197.   We would speak in the room.

_____

198.   She had rested on the beach.

199.   I sold milk to the store.

200.   He wants that painting.

201.   They were following the road.

202.   I had let the fish go into the water.

203.   We would have visited Jeff at the hospital.

204.   I will lend money to the school.

205.   She believes in Santa Claus.

206.   She was changing the light bulb.

207.   We will travel when we have more money.

208.   He finds this movie boring.

209.   You will admire the sun in the morning (Uds.).

210.   You drink water every day (Uds.).

211.   You would finish the painting.

212.   They would work all night.

213.   You would have rested all night (Uds.).

214.   We would have studied in our room.

215.   I begin my day with eggs.

216.   They would have given John more time.

217.   We will rest after Church.

218.   We bake for our wives.

219.   They had lived near the subway.

220.   You have baked all day.

221.   I will read that novel one day.

222.   They have laughed all day.

223.   You have fried Oreos once.

224.   You would fry the food first (Uds.).

225.   I had sang at the stadium.

226.   You had run at the soccer field (Uds.).

227.   She would have drove to the park.

228.   We would have completed the work.

229.   They go into their house every night.

230.   I had accepted the position.

231.   He writes poems every Friday.

232. You were admiring the work of Picasso (Uds.).

233. You would have asked about the weather.

234. He speaks to his sister every day.

235. We would have brought the suitcase.

236. You were paying the fine.

237. I would work all night.

238. They bake for their wives.

239. I had laughed while driving.

240. They would complete the puzzle.

241. I would have eaten dinner.

242. You have accepted the position (Uds.).

243. You were changing the car tire.

244. You have learned French.

245. We would look for the car.

246. She has traveled to Florida.

247. You would have taught your mom to draw.

248. They were completing the question.

249.   I had assisted our neighbor many times.

_____

250.   You rest in the afternoon.

_____

251.   We will play the violin later.

_____

252.   He would run along the river.

_____

253.   They were losing in the basketball game.

_____

254.   We had opened the letter.

_____

255.   They baked an apple pie.

_____

256.   You changed the rules of the game.

_____

257.   You would have drank the bottle of apple juice (Uds.).

_____

258.   They would have opened the door.

_____

259.   They would have completed the work.

_____

260.   She will never forget her keys at home.

_____

261.   You have spoken in front of one hundred people.

_____

262.   We were dancing all day.

_____

263.   We drink water every day.

_____

264.   They entered the castle last night.

_____

265.   You understood when he spoke (Uds.).

_____

266. They will pay for new clothes.

267. They were admiring the work of Picasso.

268. You would tell the answer if you knew.

269. He would drink water before running.

270. I entered the castle last night.

271. You were frying fish earlier.

272. She has understood nothing.

273. We have let the horses run.

274. She would have danced in the city.

275. She would have spoken to the doctor first.

276. You would drive to the mall (Uds.).

277. She accepted the offer.

278. She would have eaten french fries.

279. I drink water every day.

280. You were running to the movie theater.

281. You were opening the door (Uds.).

282. I had told lies to my mom.

283. They had traveled with their friend.

_____

284. She would have sang last night.

_____

285. He bought a shirt yesterday.

_____

286. She has found coins in the street.

_____

287. She had looked in the cave for the phone.

_____

288. You would have danced in the city.

_____

289. We would fry the food first.

_____

290. You would have begun last night.

_____

291. You have wanted a boat in the past (Uds.).

_____

292. We would have walked to the store.

_____

293. We wanted eggs for breakfast.

_____

294. They will look for the credit card.

_____

295. You asked about the farm.

_____

296. They had learned guitar in their free time.

_____

297. I would have baked cookies.

_____

298. You change your mind often.

_____

299. We have accompanied our neighbor to the movies in the past.

_____

300.   They would open the bottle.

301.   They would walk faster.

302.   She would have sent the package.

303.   We walked to school.

304.   You follow directions well.

305.   We have followed the ocean current.

306.   We have opened the bottle.

307.   He would follow the street until the library.

308.   You will accept our offer (Uds.).

309.   We will enter the cave tomorrow.

310.   We visit our dad every weekend.

311.   I would have waited until 9:00 PM.

312.   I had walked to the movie theater.

313.   I was visiting a friend.

314.   They owed their brother money.

315.   I was dancing in my room.

316.   You rested all night.

317.   He spoke in front of the class.

_____

318.   She opened the can.

_____

319.   You had eaten a hamburger (Uds.).

_____

320.   She was accompanying her friend to the movies yesterday.

_____

321.   You would dance with John (Uds.).

_____

322.   You pay your bills every month.

_____

323.   You would have found the road (Uds.).

_____

324.   He would want more food.

_____

325.   You will lose more money tonight (Uds.).

_____

326.   She had danced this morning.

_____

327.   You were practicing your speech.

_____

328.   We were opening the door.

_____

329.   They had eaten a hamburger.

_____

330.   He traveled to Italy last year.

_____

331.   They would accept the job.

_____

332.   I will sing at work today.

_____

333.   They drink water every day.

_____

334. They would ask how to play the game.

335. We opened the door.

336. They were running to the movie theater.

337. We would have finished the project on time.

338. I have traveled to Florida.

339. You would visit the city.

340. You worked all of your life.

341. We would have traveled with you.

342. They were drinking coffee in the cafeteria.

343. She had found the answer in the book.

344. You walk in the morning (Uds.).

345. They would have opened the package.

346. I would finish the painting.

347. They have let the horses run.

348. We were traveling through Europe.

349. I believe in Santa Claus.

350. We had smiled yesterday.

351.   She accepts his resignation.

_____

352.   You sang at the opera.

_____

353.   I will study tomorrow.

_____

354.   They had visited every town in Texas.

_____

355.   You accompanied your child to school last week.

_____

356.   They would give the car to their neighbor.

_____

357.   We were running to the movie theater.

_____

358.   You have completed the problem.

_____

359.   You have seen the moon.

_____

360.   You would have bought the shirt.

_____

361.   You visited New York last year (Uds.).

_____

362.   He would sell all of the stamps.

_____

363.   You will read that novel one day.

_____

364.   You have taught algebra to adults (Uds.).

_____

365.   You owe your grandma a new watch (Uds.).

_____

366.   We had given our nephew a new car.

_____

367.   You were learning Spanish in school (Uds.).

_____

368. We were writing a long letter.

369. She has laughed all day.

370. They have accepted the position.

371. I have taught algebra to adults.

372. I baked an apple pie.

373. They will assist their mom when she is here.

374. She was dancing all day.

375. They saw the dog behind the house.

376. We would have told the truth.

377. You taught English for twenty years.

378. You would have found the road.

379. You would have owed the museum a painting.

380. You were accepting your award yesterday.

381. She would have returned after dinner.

382. I was frying fish earlier.

383. We were walking to the library.

384. We receive mail every day.

385. I took out the dishes.

386. You had lived near the subway.

387. She will walk to the store later.

388. They would have traveled with you.

389. They would have drove to the park.

390. They began their homework yesterday.

391. She was asking about the watch.

392. They will find the wallet later.

393. You would rest during the movie.

394. I practice hockey after work.

395. They had walked to my house.

396. They had smiled yesterday.

397. You would teach in the gymnasium (Uds.).

398. You had admired the work of Howard Hughes.

399. I would have assisted my sister last night.

400. You had asked about the car.

401. I will dance later.

402.   We practiced running for the marathon.

403.   He would assist his teacher during class.

404.   You lived in three different countries.

405.   I would owe money to the store.

406.   You would visit the city (Uds.).

407.   You have run on that street.

408.   You had seen all of those movies.

409.   I speak to my sister every day.

410.   They will complete the problem.

411.   We will leave after the game.

412.   We were learning Spanish in school.

413.   She was playing the piano all morning.

414.   She was entering the library.

415.   She was speaking very fast.

416.   They will speak to their grandpa later.

417.   They eat eggs in the morning.

418.   We had played the violin in a band.

419.   They will open the door.

_____

420.   You would drive to the mall.

_____

Verbs

English

1. **To accept** - aceptar
2. **To accompany** - acompañar
3. **To admire** - admirar
4. **To ask** - preguntar
5. **To attend** - asistir
6. **To bake** - hornear
7. **To begin** - empezar
8. **To believe** - creer
9. **To bring** - traer
10. **To buy** - comprar
11. **To change** - cambiar
12. **To change one's mind** - cambiar de parecer
13. **To dance** - bailar
14. **To drink** - beber
15. **To drive** - manejar
16. **To eat** - comer
17. **To enter** - entrar
18. **To find** - encontrar
19. **To finish** - acabar, terminar
20. **To fly** - volar
21. **To follow** - seguir
22. **To forget** - olvidar
23. **To frighten** - asustar
24. **To fry** - freír
25. **To give** - dar
26. **To help** - ayudar
27. **To hope, wait** - esperar
28. **To laugh** - reír
29. **To learn** - aprender
30. **To leave** - salir, dejar
31. **To lend** - prestar
32. **To let** - dejar
33. **To listen** - escuchar
34. **To live** - vivir
35. **To look for** - buscar
36. **To lose** - perder
37. **To open** - abrir
38. **To owe** - deber
39. **To pay** - pagar
40. **To play, touch** - tocar
41. **To practice** - practicar
42. **To read** - leer
43. **To receive** - recibir
44. **To rest** - descansar
45. **To return** - volver
46. **To run** - correr
47. **To say** - decir
48. **To see** - ver
49. **To sell** - vender
50. **To send** - enviar
51. **Should** - deber
52. **To sing** - cantar
53. **To smile** - sonreír
54. **To speak** - hablar

55. **To study** - estudiar

56. **To take out** - sacar

57. **To teach** - enseñar

58. **To travel** - viajar

59. **To understand** - entender

60. **To visit** - visitar

61. **To walk** - andar

62. **To want** - querer

63. **To work** - trabajar

64. **To write** - escribir

Spanish

1. **Abrir** - to open
2. **Acabar** - to finish
3. **Aceptar** - to accept
4. **Acompañar** - to accompany
5. **Admirar** - to admire
6. **Andar** - to walk
7. **Aprender** - to learn
8. **Asistir** - to attend
9. **Asustar** - to frighten
10. **Ayudar** - to help
11. **Bailar** - to dance
12. **Beber** - to drink
13. **Buscar** - to look for
14. **Cambiar** - to change
15. **Cambiar de parcer** - to change one's mind
16. **Cantar** - to sing
17. **Comer** - to eat
18. **Comprar** - to buy
19. **Correr** - to run
20. **Creer** - to believe
21. **Dar** - to give
22. **Deber** - should, to owe
23. **Decir** - to say
24. **Dejar** - to leave, to let
25. **Descansar** - to rest
26. **Ejercer** - to exercise
27. **Empezar** - to begin
28. **Encontrar** - to find
29. **Enseñar** - to teach
30. **Entender** - to understand
31. **Entrar** - to enter
32. **Enviar** - to send
33. **Escribir** - to write
34. **Escuchar** - to listen
35. **Esperar** - to hope, wait
36. **Estudiar** - to study
37. **Freír** - to fry
38. **Hablar** - to speak
39. **Hornear** - to bake
40. **Leer** - to read
41. **Manejar** - to drive
42. **Olvidar** - to forget
43. **Pagar** - to pay
44. **Perder** - to lose
45. **Practicar** - to practice
46. **Preguntar** - to ask
47. **Prestar** - to lend
48. **Querer** - to want
49. **Recibir** - to receive
50. **Reír** - to laugh
51. **Sacar** - to take out
52. **Salir** - to leave
53. **Seguir** - to follow
54. **Sonreír** - to smile
55. **Terminar** - to finish
56. **Tocar** - to play, touch
57. **Trabajar** - to work
58. **Traer** - to bring

59. **Vender** - to sell

60. **Ver** - to see

61. **Viajar** - to travel

62. **Visitar** - to visit

63. **Vivir** - to live

64. **Volar** - to fly

65. **Volver** - to return

Vocabulary

A

Adults - los adultos

Advice - el consejo

After - después

Afternoon - la tarde

All - todas/todos

All day - todo el día

All night - toda la noche

All of the time - todo el tiempo

Along - a lo largo

Answer - la respuesta

Apartment - el apartamento

Apple juice - el jugo de manzana

Apple pie - la tarta de manzana

Apples - las manzanas

Attic - el ático

Award - el premio

B

Band - la banda

Beach - la playa

Behind - detrás

Bill - la cuenta

Bills - las cuentas/las facturas

Birds - los pájaros

Birthday - el cumpleaños

Birthday card - la tarjeta de cumpleaños

Board games - los juegos de mesa

Boat - el barco

Book - el libro

Boring - aburrido

Bottle - la botella

Box - la caja

Building - el edificio

Bus - el autobús

C

Cafeteria - la cafetería

Cake - el pastel

Can - la lata

Capital - la capital

Car - el auto

Car tire - el neumático de auto

Card - la tarjeta

Case - el caso

Castle - el castillo

Cat - el gato

Cave - la cueva

Cell phone - el celular

Cellar - la bodega

Chair - la silla

Church - la iglesia

City - la ciudad

Class - la clase

Classmate - el compañero de clase

Clothes - la ropa

Clouds - las nubes

Coach - el entrenador

Coat - el abrigo

Coffee - el café

Coins - las monedas

College - la universidad

Company - la compañía

Consequences - las consecuencias

Cookies - las galletas

Couch - el sofá

Countries - los países

Credit card - la tarjeta de crédito

Current - la corriente

D

Daily - diariamente

Desk - el escritorio

Dining room - el comedor

Directions - las direcciones

Discussion - la discusión

Dishes - los platos

Doctor - el doctor

Dog - el perro

Door - la puerta

During - durante

E

Earlier - más temprano

Early - temprano

Eggs - los huevos

Evening - la noche

Every day - cada día

Every night - cada noche

Everything - todo

Exam - el examen

F

Far - lejos

Farm - la granja

Faster - más rápido

Field - el campo

Fire - el fuego

Fish - el pescado

Flute - la flauta

Food - la comida

Free - libre

French fries - las papas fritas

Friend - el amigo

Fruit - la fruta

Funny - cómico

G

Game - el juego

Garbage - la basura

Golf - el golf

Grandpa - el abuelo

Grease - la grasa

Guitar - la guitarra

Gym - el gimnasio

H

Hamburger - la hamburguesa

Hat - el sombrero

Healthy - saludable

High school - la secundaria

Hockey - el hockey

Homework - la tarea

Horse - el caballo

House - la casa

Husband - el esposo

I

Ice cream - el helado

In Front of - en frente de

Inspection - la inspección

Instead - en vez de

J

Jar - el tarro

Jet - el jet

Job - el trabajo

Joke - la broma

Juice - el jugo

K

Keys - las llaves

Kids - los niños

Kitchen - la cocina

L

Last night - anoche

Last week - la semana pasada

Last year - el año pasado

Later - luego

Lawyer - el abogado

Letter - la carta

Library - la biblioteca

Lies - las mentiras

Light bulb - la bombilla

Lock - la cerradura/ la llave

Lottery - la lotería

Lunch - el almuerzo

M

Mail - el correo

Mall - el centro comercial

Map - el mapa

Marathon - el maratón

Market - el mercado

Math - las matemáticas

Meal - la comida

Message - el mensaje

Microwave - el microondas

Mind - la mente

Mirror - el espejo

Money - el dinero

Moon - la luna

Morning - la mañana

Mountains - las montañas

Movie - la película

Movie theater - el cine

Music - la música

N

Near - cerca

Neighbor - el vecino

Nephew - el sobrino

News - las noticias

Newspaper - el periódico

Night - la noche

Novel - la novela

O

Ocean - el océano

Offer - la oferta

Often - a menudo

Oil - el aceite

On time - a tiempo

Once - una vez

Onions - las cebollas

Opera - la opera

P

Package - el paquete

Painting - la pintura

Pan - la sartén

Pancakes - los panqueques

Park - el parque

Party - la fiesta

Past - el pasado

Path - el camino

Peanut butter - la mantequilla de maní

Pen - el bolígrafo

Pencil - el lápiz

People - la gente

Phone bill - la factura de teléfono

Physics - la física

Piano - el piano

Place - el lugar

Plane - el avión

Poems - los poemas

Poor - pobre

Position - la posición

Potatoes - las papas

Problems - los problemas

Professor - el profesor

Project - el proyecto

Purse - la bolsa

Puzzle - el rompecabezas

Q

Question - la pregunta

R

Rain - la lluvia

Resignation - la renuncia

Restaurant - el restaurante

Reunion - la reunión

River - el río

Road - el camino

Room - el cuarto

Rules - las reglas

S

School - la escuela

Science - la ciencia

Shark - el tiburón

Shirt - la camisa

Shoes - los zapatos

Short - corto

Show - el espectáculo

Shower - la ducha

Sister - la hermana

Sky - el cielo

Snow - la nieve

Soda - el refresco

Sometimes - a veces

Song - la canción

Soon - pronto

Speech - el discurso

Stadium - el estadio

Stamps - los sellos

Steak - el bistec

Store - la tienda

Storm - la tormenta

Story - el cuento

Street - la calle

Subway - el metro

Suitcase - la maleta

Sun - el sol

Sunset - la puesta de sol

T

Table - la mesa

Teacher - el maestro

Test - el examen

Through - mediante

Time - el tiempo

Today - hoy

Tomorrow - mañana

Tonight - esta noche

Train - el tren

Trees - los árboles

Trip - el viaje

Truth - la verdad

Tunnel - el túnel

Types - los tipos

Typing - la mecanografía

V

Video game - el videojuego

View - la vista

Violin - el violín

Volleyball - el voleibol

W

Wallet - la cartera

Watch - el reloj

Water - el agua

Weather - el clima

Wife - la esposa

Work - el trabajo

Y

Years - los años

Yesterday - ayer

Answers

Chapter 1

1. Él descansa en la tarde.
2. Ustedes entienden matemáticas bien.
3. Ustedes manejan al trabajo cada día.
4. Tú admiras la obra de Picasso.
5. Él entiende matemáticas bien.
6. Nosotros admiramos la obra de Picasso.
7. Ellos cantan en la ducha.
8. Ustedes abren la puerta en la mañana.
9. Yo escucho cuando la gente habla.
10. Tú entras en tu casa cada noche.
11. Ellos terminan su tarea antes de la clase.
12. Tú bailas enfrente del espejo.
13. Yo trabajo en Nueva York.
14. Ustedes escriben poemas cada viernes.
15. Yo río mucho.
16. Yo practico hockey después del trabajo.
17. Tú comes huevos en la mañana.
18. Yo vuelvo a la cueva cada año.
19. Él entra en su casa cada noche.
20. Nosotros perdemos en los juegos de mesa a menudo.
21. Ustedes descansan en la tarde.
22. Yo traigo mi guitarra al trabajo.
23. Nosotros aceptamos tu renuncia.
24. Ustedes cambian de parecer a menudo.
25. Tú caminas en la mañana.
26. Ellos manejan al trabajo cada día.
27. Ellos admiran la obra de Picasso.
28. Ustedes quieren esa pintura.
29. Ustedes caminan en la mañana.
30. Él vuela en el cielo.
31. Yo escribo poemas cada viernes.
32. Ellos esperan el autobús en la mañana.
33. Él habla con su hermana cada día.
34. Yo saco la basura en la mañana.
35. Tú vendes mantequilla de maní.
36. Yo acabo la tarea en el escritorio.
37. Nosotros bebemos agua todos los días.
38. Yo busco mis zapatos en la mañana.
39. Ellos olvidan su billetera a veces.
40. Tú corres cada sábado.
41. Él ayuda a su vecino con su tarea.
42. Yo quiero esa pintura.
43. Tú cantas en la ducha.
44. Ellos siguen las instrucciones bien.
45. Yo pago mis cuentas cada mes.
46. Yo leo el periódico en la mañana.
47. Nosotros tocamos el piano.
48. Nosotros vemos los pájaros en el árbol.
49. Nosotros acompañamos a nuestro amigo al cine a veces.
50. Ellos comen huevos en la mañana.
51. Nosotros prestamos dinero a nuestro amigo a menudo.

52. Nosotros olvidamos nuestra billetera a veces.

53. Yo canto en la ducha.

54. Tú fríes los panqueques en la mañana.

55. Nosotros caminamos en la mañana.

56. Ellos viven con su perro.

57. Él trae su guitarra al trabajo.

58. Tú tocas el piano.

59. Ella abre la puerta en la mañana.

60. Tú hablas con tu hermana cada día.

61. Ellos acompañan a su amigo al cine a veces.

62. Ella escucha cuando la gente habla.

63. Ellos prestan dinero a su amigo a menudo.

64. Yo cambio de parecer a menudo.

65. Tú visitas a tu padre cada fin de semana.

66. Yo visito a mi padre cada fin de semana.

67. Yo ayudo a mi vecino con su tarea.

68. Tú esperas el autobús en la mañana.

69. Ellos creen en Papá Noel.

70. Yo envío tarjetas cada Navidad.

71. Ellos corren cada sábado.

72. Nosotros leemos el periódico en la mañana.

73. Yo manejo al trabajo cada día.

74. Nosotros cantamos en la ducha.

75. Ellos practican hockey después del trabajo.

76. Él viaja lejos para trabajar.

77. Ellos envían tarjetas cada navidad.

78. Nosotros encontramos amigos por todos lados.

79. Nosotros visitamos a nuestro padre cada fin de semana.

80. Nosotros viajamos lejos para trabajar.

81. Tú sigues las instrucciones bien.

82. Ella bebe agua todos los días.

83. Yo debo a mi abuela un reloj nuevo.

84. Él sale de la casa a las seis de la mañana.

85. Él trabaja en Nueva York.

86. Nosotros vivimos con nuestro perro.

87. Nosotros enviamos tarjetas cada Navidad.

88. Él fríe los panqueques en la mañana.

89. Tú terminas tu tarea antes de la clase.

90. Ella acompaña a su amigo al cine a veces.

91. Tú enseñas música a los niños.

92. Nosotros reímos mucho.

93. Él paga sus cuentas cada mes.

94. Ustedes corren cada sábado.

95. Ellos encuentran esta película aburrida.

96. Nosotros bailamos enfrente del espejo.

97. Nosotros aprendemos español en la escuela.

98. Él toca el piano.

99. Nosotros traemos nuestra guitarra al trabajo.

100. Nosotros queremos esa pintura.

101. Ella compra huevos en la tienda.

102. Ustedes enseñan música a los niños.

103. Yo salgo de la casa a las seis de la mañana.

104. Nosotros pagamos nuestras cuentas cada mes.

105. Ellos traen su guitarra al trabajo.

106. Él sonríe cada día.

107. Él quiere esa pintura.

108. Ellos ven los pájaros en el árbol.

109. Yo aprendo español en la escuela.

110. Ella maneja al trabajo cada día.

111. Ellos pagan sus cuentas cada mes.

112. Ellos buscan sus zapatos en la mañana.

113. Ellos hornean para sus esposas.

114. Nosotros sacamos la basura en la mañana.

115. Ellos leen el periódico en la mañana.

116. Él vive con su perro.

117. Ustedes comen huevos en la mañana.

118. Yo acompaño a mi amigo al cine a veces.

119. Nosotros sonreímos cada día.

120. Yo recibo correo cada día.

121. Él visita a su padre cada fin de semana.

122. Nosotros seguimos las instrucciones bien.

123. Ustedes beben agua todos los días.

124. Tú encuentras esta película aburrida.

125. Ustedes aceptan nuestra renuncia.

126. Él pierde en los juegos de mesa a menudo.

127. Yo admiro la obra de Picasso.

128. Tú envías tarjetas cada Navidad.

129. Él envía tarjetas cada Navidad.

130. Yo toco el piano.

131. Nosotros decimos la verdad todo el tiempo.

132. Tú preguntas por tu perro mucho.

133. Tú entiendes matemáticas bien.

134. Ustedes esperan el autobús en la mañana.

135. Ellos vuelven a la cueva cada año.

136. Ella debe a su abuela un reloj nuevo.

137. Ellos caminan en la mañana.

138. Ustedes fríen los panqueques en la mañana.

139. Nosotros salimos de la casa a las seis de la mañana.

140. Ellos trabajan en Nueva York.

141. Nosotros entramos en nuestra casa cada noche.

142. Tú sonríes cada día.

143. Yo descanso en la tarde.

144. Nosotros hablamos con nuestra hermana cada día.

145. Él ve los pájaros en el árbol.

146. Tú vives con tu perro.

147. Yo sonrío cada día.

148. Nosotros preguntamos mucho por nuestro perro.

149. Yo bailo enfrente del espejo.

150. Él recibe correo cada día.

151. Yo empiezo mi día comiendo huevos.

152. Ustedes acaban la tarea en el escritorio.

153. Yo horneo para mi esposa.

154. Tú lees el periódico en la mañana.

155. Yo encuentro esta película aburrida.

156. Ella acaba la tarea en la tarde.

157. Nosotros encontramos esta película aburrida.

158. Ellos beben agua todos los días.

159. Nosotros trabajamos en Nueva York.

160. Nosotros compramos huevos de la tienda.

161. Ellos escuchan cuando la gente habla.

162. Yo sigo las instrucciones bien.

163. Él sigue las instrucciones bien.

164. Ustedes practican hockey después del trabajo.

165. Ellos aceptan nuestra renuncia.

166. Yo enseño música a los niños.

167. Ellos descansan en la tarde.

168. Ellos sonríen cada día.

169. Él saca la basura en la mañana.

170. Él encuentra esta película aburrida.

171. Él olvida su billetera a veces.

172. Ellos enseñan música a los niños.

173. Tú debes a tu abuela un reloj nuevo.

174. Ella cree en Papá Noel.

175. Ellos entienden matemáticas bien.

176. Tú traes tu guitarra al trabajo.

177. Tú prestas dinero a tu amigo a menudo.

178. Ustedes ríen mucho.

179. Yo vuelo en el cielo.

180. Tú buscas tus zapatos en la mañana.

181. Nosotros abrimos la puerta en la mañana.

182. Tú ayudas a tu vecino con su tarea.

183. Ellos ríen mucho.

184. Yo corro cada sábado.

185. Ellos reciben correo cada día.

186. Él hornea para su esposa.

187. Ellos hablan con su hermana cada día.

188. Él pregunta por su perro mucho.

189. Nosotros volvemos a la cueva cada año.

190. Ustedes aprenden español en la escuela.

191. Ustedes abren la puerta en la tarde.

192. Yo pierdo en los juegos de mesa a menudo.

193. Tú aceptas su renuncia.

194. Yo bebo agua todos los días.

195. Tú escribes poemas cada viernes.

196. Yo veo los pájaros en el árbol.

197. Yo compro huevos en la tienda.

198. Tú vuelves a la cueva cada año.

199. Tú sales de la casa a las seis de la mañana.

200. Tú dices la verdad todo el tiempo.

201. Tú acompañas a tu amigo al cine a veces.

202. Nosotros escuchamos cuando la gente habla.

203. Ustedes siguen las instrucciones bien.

204. Ellos sacan la basura en la mañana.

205. Ella busca sus zapatos en la mañana.

206. Nosotros debemos a nuestra abuela un reloj nuevo.

207. Ella acepta su renuncia.

208. Ellos aprenden español en la escuela.

209. Nosotros enseñamos música a los niños.

210. Ellos fríen los panqueques en la mañana.

211. Ellos deben a su abuela un reloj nuevo.

212. Él practica hockey después del trabajo.

213. Él escribe poemas cada viernes.

214. Yo como huevos en la mañana.

215. Ellos preguntan mucho por su perro.

216. Tú vuelas en el cielo.

217. Tú estudias física en la universidad.

218. Ellos bailan enfrente del espejo.

219. Yo termino mi tarea antes de la clase.

220. Nosotros terminamos nuestra tarea antes de la clase.

Chapter 2

1. Yo viajé a Italia el año pasado.
2. Ustedes cantaron en la ópera.
3. Tú escuchaste cada canción.
4. Ellos acabaron la tarea.
5. Yo enseñé inglés por veinte años.
6. Yo compré una camisa ayer.
7. Ellos perdieron sus zapatos en la tienda.
8. Yo saqué los platos.
9. Yo volví a la casa después del trabajo.
10. Tú viste al perro detrás de la casa.
11. Yo traje una silla a la playa.
12. Ustedes volaron de NY a Grecia.
13. Yo debí dinero a mi hermano.
14. Él manejo por las montañas.
15. Yo quise huevos para el desayuno.
16. Yo corrí con mi perro.
17. Yo descansé toda la noche.
18. Ustedes aceptaron la oferta.
19. Él vio al perro detrás de la casa.
20. Yo vendí leche a la tienda.
21. Nosotros perdimos nuestros zapatos en la tienda.
22. Él acompañó a su hijo a la escuela la semana pasada.
23. Tú admiraste a tu padre.
24. Ellos preguntaron sobre la granja.
25. Nosotros descansamos toda la noche.
26. Nosotros acabamos la tarea.
27. Él corrió con su perro.
28. Ustedes terminaron la comida.
29. Nosotros terminamos la comida.
30. Tú cambiaste las reglas del juego.
31. Ustedes hablaron enfrente de la clase.
32. Ellos volvieron a la casa después del trabajo.
33. Nosotros entrenamos para el maratón.
34. Tú abriste la puerta.
35. Ustedes sacaron los platos.
36. Tú enviaste la caja más temprano.
37. Nosotros admiramos la obra de Picasso.
38. Yo bailé durante la escuela.
39. Ellos leyeron el periódico de ayer.
40. Yo hablé enfrente de la clase.
41. Él perdió su zapato en la tienda.
42. Nosotros debimos dinero a nuestro hermano.
43. Él entendió cuando él habló.
44. Ellos admiraron la obra de Picasso.
45. Ellos esperaron todo el día.
46. Yo aprendí inglés de mi madre.
47. Ustedes entendieron cuando él habló.
48. Ellos empezaron su tarea ayer.
49. Yo caminé a la escuela.
50. Ellos terminaron la comida.
51. Ustedes cambiaron las reglas del juego.
52. Ellos vieron al perro detrás de la casa.
53. Nosotros encontramos dinero sobre la mesa.
54. Tú reíste toda la noche.
55. Nosotros prestamos el sombrero a John.
56. Ustedes enseñaron inglés por veinte años.
57. Yo acepté las consecuencias.
58. Nosotros trabajamos toda nuestra vida.

59. Él frió el pescado en la sartén.

60. Yo trabajé toda mi vida.

61. Yo sonreí cuando vi la luna.

62. Ustedes leyeron el periódico de ayer.

63. Ellos ayudaron a su amigo cuando tuvo problemas.

64. Nosotros recibimos una tarjeta para nuestro cumpleaños.

65. Nosotros trajimos una silla a la playa.

66. Ellos escucharon cada canción.

67. Ellos aceptaron la oferta.

68. Nosotros preguntamos sobre la granja.

69. Ellos caminaron a la escuela.

70. Él terminó la comida.

71. Él leyó el periódico de ayer.

72. Nosotros comimos todo el pastel.

73. Él quiso huevos para el desayuno.

74. Ustedes viajaron a Italia el año pasado.

75. Tú preguntaste sobre la granja.

76. Ellos trajeron una silla a la playa.

77. Yo reí toda la noche.

78. Él volvió a la casa después del trabajo.

79. Yo admiré a mi padre.

80. Él compró una camisa ayer.

81. Tú compraste una camisa ayer.

82. Ustedes trajeron sillas a la playa.

83. Él recibió una tarjeta para su cumpleaños.

84. Ustedes comieron todo el pastel.

85. Ellos cambiaron las reglas del juego.

86. Ellos vivieron en tres países diferentes.

87. Nosotros vimos al perro detrás de la casa.

88. Nosotros manejamos por las montañas.

89. Tú tocaste la flauta en la escuela.

90. Él cantó en la ópera.

91. Nosotros entramos al castillo anoche.

92. Tú buscaste el balón en la playa.

93. Tú hablaste enfrente de la clase.

94. Él aprendió inglés de su madre.

95. Ellos enviaron la caja más temprano.

96. Nosotros corrimos con nuestro perro.

97. Ellos encontraron dinero sobre la mesa.

98. Tú entendiste cuando él habló.

99. Él acabó la tarea.

100. Nosotros escribimos una carta corta.

101. Yo olvidé mi abrigo en el trabajo.

102. Tú volaste de NY a Grecia.

103. Ustedes vendieron leche a la tienda.

104. Ellos quisieron huevos para el desayuno.

105. Ellos olvidaron su abrigo en el trabajo.

106. Yo acompañé a mi hijo a la escuela la semana pasada.

107. Él bebió gaseosa en el campo.

108. Ellos cantaron en la ópera.

109. Ustedes sonrieron cuando vieron la luna.

110. Yo acepté la oferta.

111. Él tocó la flauta en la escuela.

112. Tú corriste con tu perro.

113. Yo acabé la tarea.

114. Tú prestaste el sombrero a John.

115. Ellos debieron dinero a su hermano.

116. Ellos estudiaron por dos horas.

117. Ustedes aprendieron inglés de su madre.

118. Yo manejé por las montañas.

119. Ustedes abrieron la puerta.

120. Tú viajaste a Italia el año pasado.

121. Yo busqué el balón en la playa.

122. Nosotros abrimos la puerta.

123. Yo horneé una tarta de manzana.

124. Nosotros aprendimos inglés de nuestra madre.

125. Ustedes siguieron el auto de adelante.

126. Tú encontraste dinero sobre la mesa.

127. Ustedes entraron al castillo anoche.

128. Ustedes hornearon una tarta de manzana.

129. Nosotros volvimos a la casa después del trabajo.

130. Tú cantaste en la ópera.

131. Tú leíste el periódico de ayer.

132. Ustedes estudiaron por dos horas.

133. Tú empezaste tu tarea ayer.

134. Él pagó para tomar el tren.

135. Ellos bailaron durante la escuela.

136. Ellos aprendieron inglés de su madre.

137. Tú dejaste entrar al gato a la casa.

138. Nosotros enseñamos inglés por veinte años.

139. Ella abrió la lata.

140. Él rió toda la noche.

141. Ellos abrieron la lata.

142. Ellos volaron de NY a Grecia.

143. Tú viviste en tres países diferentes.

144. Tú ayudaste a tu amigo cuando tuvo problemas.

145. Tú descansaste toda la noche.

146. Ellos tocaron la flauta en la escuela.

147. Yo ayudé a mi amigo cuando tuvo problemas.

148. Él bailódurante la escuela.

149. Yo perdí mi zapato en la tienda.

150. Tú estudiaste por dos horas.

151. Nosotros aceptamos la oferta.

152. Ustedes preguntaron sobre la granja.

153. Nosotros tocamos la flauta en la escuela.

154. Ellos manejaron por las montañas.

155. Ustedes bebieron gaseosa en el campo.

156. Tú trajiste una silla a la playa.

157. Nosotros cambiamos las reglas del juego.

158. Él entrenó para el maratón.

159. Él olvidó su abrigo en el trabajo.

160. Él comió todo el pastel.

161. Él envió la caja más temprano.

162. Nosotros estudiamos por dos horas.

163. Yo abrí la lata.

164. Ellos descansaron toda la noche.

165. Ellos entrenaron para el maratón.

166. Ellos recibieron una tarjeta para su cumpleaños.

167. Ellos entraron al castillo anoche.

168. Nosotros freímos el pescado en la sartén.

169. Ellos hablaron enfrente de la clase.

170. Ustedes visitaron Nueva York el año pasado.

171. Nosotros enviamos la caja más temprano.

172. Yo terminé la comida.

173. Ellos pagaron para tomar el tren.

174. Nosotros dejamos entrar al gato a la casa.

175. Yo freí el pescado en la sartén.

176. Tú volviste a la casa después del trabajo.

177. Él encontró dinero sobre la mesa.

178. Ustedes acabaron la tarea.

179. Yo presté el sombrero a John.

180. Tú entraste al castillo anoche.

181. Él descansó toda la noche.

182. Ellos trabajaron toda su vida.

183. Ellos siguieron el auto de adelante.

184. Yo bebí gaseosa en el campo.

185. Nosotros seguimos el auto de adelante.

186. Ellos admiraron su padre.

187. Nosotros quisimos huevos para el desayuno.

188. Nosotros abrimos la lata.

189. Él sacó los platos.

190. Tú acabaste la tarea.

191. Ellos abrieron la puerta.

192. Tú olvidaste tu abrigo en el trabajo.

193. Nosotros hablamos enfrente de la clase.

194. Nosotros entendimos cuando él habló.

195. Yo visité Nueva York el año pasado.

196. Ustedes admiraron la obra de Picasso.

197. Él vendió leche a la tienda.

198. Yo encontré dinero sobre la mesa.

199. Él visitó Nueva York el año pasado.

200. Nosotros esperamos todo el día.

201. Tú escribiste una carta corta.

202. Nosotros bebimos gaseosa en el campo.

203. Ella aceptó la oferta.

204. Nosotros sacamos los platos.

205. Ustedes buscaron el balón en la playa.

206. Ellos escribieron una carta corta.

207. Yo esperé todo el día.

208. Nosotros reímos toda la noche.

209. Yo toqué la flauta en la escuela.

210. Tú recibiste una tarjeta para tu cumpleaños.

211. Ellos bebieron gaseosa en el campo.

212. Tú visitaste Nueva York el año pasado.

213. Él entró al castillo anoche.

214. Él vivió en tres países diferentes.

215. Él escuchó cada canción.

216. Ellos vendieron leche a la tienda.

217. Yo escuché cada canción.

218. Yo comí todo el pastel.

219. Tú debiste dinero a tu hermano.

220. Yo volé de NY a Grecia.

Chapter 3

1. Ustedes reirán en el espectáculo.
2. Tú venderás la casa pronto.
3. Nosotros esperaremos por una hora más.
4. Yo beberé gaseosa en la mesa.
5. Yo volaré a Florida mañana.
6. Ella seguirá el camino en la montaña.
7. Ella beberá gaseosa en la mesa.
8. Yo encontraré la billetera más tarde.
9. Yo visitaré a mi vecino mañana.
10. Ella encontrará la billetera más tarde.
11. Ella cambiará las reglas más tarde.
12. Nosotros viviremos por cien años.
13. Ustedes saldrán después del juego.
14. Ella manejará después de comer.
15. Ellos nunca olvidarán sus llaves en la casa.
16. Ellos abrirán la puerta.
17. Yo ayudaré a mi madre cuando ella esté aquí.
18. Nosotros venderemos la casa pronto.
19. Ustedes verán al profesor hoy.
20. Ellos entrarán a la cueva mañana.
21. Ustedes enseñarán a sus hijos a leer.
22. Yo cambiaré las reglas más tarde.
23. Ella volará a Florida mañana.
24. Tú freirás las papas en aceite.
25. Tú acabarás el problema.
26. Yo tocaré el violín más tarde.
27. Ellos manejarán después de comer.
28. Ella bailará más tarde.
29. Ella hablará con su abuelo más tarde.
30. Tú hornearás en la cocina.
31. Ella vivirá por cien años.
32. Ellos terminarán el juego más tarde.
33. Yo terminaré el juego más tarde.
34. Ella comprará un libro de la biblioteca.
35. Ella acabará el problema.
36. Nosotros pagaremos la ropa nueva.
37. Yo correré si hace calor.
38. Tú abrirás la puerta.
39. Ustedes correrán si hace calor.
40. Ustedes comerán más tarde.
41. Ustedes estudiarán mañana.
42. Ellos seguirán el camino en la montaña.
43. Ellos correrán si hace calor.
44. Nosotros tocaremos el violín más tarde.
45. Ella practicará los problemas de matemáticas más tarde.
46. Tú nunca olvidarás tus llaves en la casa.
47. Tú prestarás dinero a la escuela.
48. Tú terminarás el juego más tarde.
49. Yo buscaré la tarjeta de crédito.
50. Ella prestará dinero a la escuela.
51. Tú beberás gaseosa en la mesa.
52. Nosotros reiremos en el espectáculo.
53. Tú buscarás la tarjeta de crédito.
54. Tú recibirás las noticias mañana.
55. Ellos verán al profesor hoy.
56. Nosotros correremos si hace calor.
57. Ellos visitarán a su vecino mañana.
58. Nosotros escribiremos un discurso.

59. Ella aceptará tu oferta.

60. Nosotros cantaremos en el trabajo hoy.

61. Yo escribiré un discurso.

62. Ellos descansarán después de la iglesia.

63. Nosotros ayudaremos a nuestra madre cuando ella esté aquí.

64. Tú visitarás a tu vecino mañana.

65. Yo daré dinero a los pobres.

66. Ella visitará a su vecino mañana.

67. Ustedes esperarán por una hora mâs.

68. Nosotros buscaremos la tarjeta de crédito.

69. Yo descansaré después de la iglesia.

70. Ustedes sacarán la basura mañana.

71. Ellos bailarán más tarde.

72. Tú practicarás los problemas de matemáticas más tarde.

73. Tú hablarás con tu abuelo más tarde.

74. Tú sacarás la basura mañana.

75. Ustedes prestarán dinero a la escuela.

76. Tú leerás esa novela un día.

77. Nosotros leeremos esa novela un día.

78. Tú traerás la comida a la fiesta.

79. Ellos acabarán el problema.

80. Ustedes hablarán con su abuelo más tarde.

81. Yo viajaré cuando tenga más dinero.

82. Nosotros abriremos la lata.

83. Ellos querrán el dinero más tarde.

84. Yo escucharé el discurso.

85. Ella ayudará a su madre cuando ella esté aquí.

86. Ustedes caminarán a la tienda más tarde.

87. Yo manejaré después de comer.

88. Tú cambiarás las reglas más tarde.

89. Yo caminaré a la tienda más tarde.

90. Ellos cantarán en el trabajo hoy.

91. Tú volverás al proyecto mañana.

92. Ustedes escucharán el discurso.

93. Ella enviará un mensaje mañana.

94. Tú trabajarás hasta las diez de la noche.

95. Yo cantaré en el trabajo hoy.

96. Tú comerás más tarde.

97. Tú estudiarás mañana.

98. Ella venderá la casa pronto.

99. Ustedes recibirán las noticias mañana.

100. Ustedes aceptarán nuestra oferta.

101. Tú escucharás el discurso.

102. Tú escribirás un discurso.

103. Ustedes leerán esa novela un día.

104. Nosotros admiraremos el sol en la mañana.

105. Nosotros bailaremos más tarde.

106. Ustedes visitarán a su vecino mañana.

107. Tú querrás el dinero más tarde.

108. Ustedes pagarán la ropa nueva.

109. Nosotros veremos al profesor hoy.

110. Nosotros volveremos al proyecto mañana.

111. Ellos recibirán las noticias mañana.

112. Ellos perderán más dinero esta noche.

113. Tú caminarás a la tienda más tarde.

114. Nosotros le preguntaremos al maestro.

115. Ustedes descansarán después de la iglesia.

116. Ella abrirá la lata.

117. Ellos leerán esa novela un día.

118. Ellos reirán en el espectáculo.

119. Ellos encontrarán la billetera más tarde.

120. Yo enseñaré a mi hijo a leer.

121. Ellos comerán más tarde.

122. Ellos estudiarán mañana.

123. Ustedes perderán más dinero esta noche.

124. Ella esperará por una hora más.

125. Nosotros estudiaremos mañana.

126. Tú comprarás un libro de la biblioteca.

127. Yo hornearé en la cocina.

128. Ellos prestarán dinero a la escuela.

129. Ella leerá esa novela un día.

130. Nosotros trabajaremos hasta las diez de la noche.

131. Ellos buscarán la tarjeta de crédito.

132. Ella le preguntará al maestro.

133. Tú verás al profesor hoy.

134. Ellos escucharán el discurso.

135. Ustedes acabarán el problema.

136. Nosotros hornearemos en la cocina.

137. Ustedes le preguntarán al maestro.

138. Ustedes entrarán a la cueva mañana.

139. Ellos practicarán los problemas de matemáticas más tarde.

140. Ella saldrá después del juego.

141. Yo querré el dinero más tarde.

142. Ella comerá más tarde.

143. Tú tocarás el violín más tarde.

144. Ella estudiará mañana.

145. Nosotros seguiremos el camino en la montaña.

146. Yo acabaré el problema.

147. Ustedes volarán a Florida mañana.

148. Ustedes encontrarán la billetera más tarde.

149. Ella pagará la ropa nueva.

150. Nosotros prestaremos dinero a la escuela.

151. Nosotros manejaremos después de comer.

152. Nosotros enseñaremos a nuestro hijo a leer.

153. Nosotros sacaremos la basura mañana.

154. Tú aceptarás su oferta.

155. Yo pagaré la ropa nueva.

156. Ustedes darán el dinero a los pobres.

157. Tú ayudarás a tu madre cuando ella esté aquí.

158. Ella freirá las papas en aceite.

159. Nosotros escucharemos el discurso.

160. Ellos esperarán por una hora más.

161. Tú entrarás a la cueva mañana.

162. Nosotros aceptaremos su oferta.

163. Tú volarás a Florida mañana.

164. Tú perderás más dinero esta noche.

165. Yo entraré a la cueva mañana.

166. Ella buscará la tarjeta de crédito.

167. Yo veré al profesor hoy.

168. Ellos traerán la comida a la fiesta.

169. Nosotros recibiremos las noticias mañana.

170. Nosotros freiremos las papas en aceite.

171. Yo recibiré las noticias mañana.

172. Nosotros abriremos la puerta.

173. Ellos ayudarán a su madre cuando ella esté aquí.

174. Ellos volarán a Florida mañana.

175. Ustedes trabajarán hasta las diez de la noche.

176. Ellos viajarán cuando ellos tengan más dinero.

177. Ellos pagarán la ropa nueva.

178. Ustedes terminarán el juego más tarde.

179. Ella abrirá la puerta.

180. Tú viajarás cuando tengas más dinero.

181. Yo admiraré el sol en la mañana.

182. Nosotros terminaremos el juego más tarde.

183. Nosotros enviaremos un mensaje mañana.

184. Tú darás el dinero a los pobres.

185. Ellos beberán gaseosa en la mesa.

186. Ellos admirarán el sol en la mañana.

187. Yo leeré esa novela un día.

188. Ellos le preguntarán al maestro.

189. Ella traerá la comida a la fiesta.

190. Tú saldrás después del juego.

191. Tú cantarás en el trabajo hoy.

192. Ellos escribirán un discurso.

193. Ella escribirá un discurso.

194. Ustedes venderán la casa pronto.

195. Ella viajará cuando ella tenga más dinero.

196. Ellos enseñarán a sus hijos a leer.

197. Ustedes beberán gaseosa en la mesa.

198. Tú enseñarás a tu hijo a leer.

199. Nosotros compraremos un libro de la biblioteca.

200. Ella terminará el juego más tarde.

201. Ustedes buscarán la tarjeta de crédito.

202. Ellos freirán las papas en aceite.

203. Ellos aceptarán nuestra oferta.

204. Yo practicaré los problemas de matemáticas más tarde.

205. Ella correrá si hace calor.

206. Yo aceptaré tu oferta.

207. Ella entrará a la cueva mañana.

208. Ustedes freirán las papas en aceite.

209. Yo empezaré mi discurso esta noche.

210. Nosotros perderemos más dinero esta noche.

211. Tú seguirás el camino en la montaña.

212. Ustedes hornearán en la cocina.

213. Ustedes vivirán por cien años.

214. Ella caminará a la tienda más tarde.

215. Ustedes empezarán su discurso esta noche.

216. Ella reirá en el espectáculo.

217. Ella horneará en la cocina.

218. Yo volveré al proyecto mañana.

219. Ellos vivirán por cien años.

220. Ella escuchará el discurso.

Chapter 4

1. Tú descansabas en tu cuarto.
2. Tú bebías el agua.
3. Yo corría al cine.
4. Ustedes entendían la película.
5. Yo abría la puerta.
6. Ustedes admiraban la obra de Picasso.
7. Ustedes caminaban durante la tormenta.
8. Yo manejaba a través de un túnel.
9. Ella traía el almuerzo a su esposo.
10. Ustedes abrían la puerta.
11. Ellos bailaban todo el día.
12. Ellos veían a su madre.
13. Yo aceptaba mi premio ayer.
14. Ellos admiraban la puesta del sol.
15. Yo preguntaba sobre el reloj.
16. Ellos terminaban la inspección.
17. Ellos estudiaban con su amigo.
18. Ella cantaba en su cuarto.
19. Tú aprendías inglés en la escuela.
20. Yo volvía del juego de fútbol.
21. Ella viajaba por Europa.
22. Tú estudiabas con tu amigo.
23. Tú entrabas a la biblioteca.
24. Ella practicaba su discurso.
25. Yo cambiaba la llanta.
26. Ellos entraban a la biblioteca.
27. Ustedes caminaban a la biblioteca.
28. Nosotros perdíamos en el juego de baloncesto.
29. Tú preguntabas sobre el reloj.
30. Tú aprendías español en la escuela.
31. Nosotros volábamos cerca de las nubes.
32. Yo ayudaba a mi hermana con su tarea.
33. Ella pagaba la multa.
34. Ellos volvían del juego de fútbol.
35. Tú bebías café en la cafetería.
36. Ustedes buscaban las manzanas en el sótano.
37. Tú dejabas a las vacas comer césped.
38. Tú tocabas el piano toda la mañana.
39. Él caminaba a la biblioteca.
40. Ellos volaban cerca de las nubes.
41. Ella comía en su auto.
42. Ella bailaba en su cuarto.
43. Ustedes tocaban el piano toda la mañana.
44. Ellos bebían café en la cafetería.
45. Ella acababa la pregunta.
46. Tú comías en tu auto.
47. Yo reía toda la noche.
48. Ellos acababan la pregunta.
49. Nosotros entrábamos a la biblioteca.
50. Nosotros enviábamos el correo desde el trabajo.
51. Ella sacaba la basura.
52. Nosotros vivíamos en un apartamento.
53. Nosotros trabajábamos duro en la casa.
54. Ellos pagaban la multa.
55. Nosotros recibíamos cartas.
56. Ustedes volaban cerca de las nubes.
57. Ella terminaba la inspección.
58. Tú acababas la pregunta.

59. Yo aprendía español en la escuela.

60. Ellos caminaban a la biblioteca.

61. Tú perdías en el juego de baloncesto.

62. Ella enviaba el correo desde el trabajo.

63. Ustedes viajaban por Europa.

64. Ellos aprendían inglés en la escuela.

65. Tú hablabas muy rápido.

66. Ustedes seguían el camino.

67. Nosotros horneábamos en la cocina.

68. Yo traía el almuerzo a mi esposa.

69. Ella volvía del juego de fútbol.

70. Ella contaba un cuento cerca de la fogata.

71. Ellos traían el almuerzo a sus esposas.

72. Ella entraba a la biblioteca.

73. Ellos enviaban el correo desde el trabajo.

74. Tú freías el pescado más temprano.

75. Yo caminaba a la biblioteca.

76. Yo veía a mi madre.

77. Tú comprabas ropa en el centro comercial.

78. Tú escribías una carta larga.

79. Ella compraba ropa en el centro comercial.

80. Tú vendías las monedas.

81. Ella corría al cine.

82. Ella manejaba a través de un túnel.

83. Ella perdía en el juego de baloncesto.

84. Ella ayudaba a su hermana con su tarea.

85. Ellos bebían el agua.

86. Nosotros tocábamos el piano toda la mañana.

87. Ustedes acababan la pregunta.

88. Tú pagabas la multa.

89. Tú ayudabas a tu hermana con su tarea.

90. Nosotros visitábamos a un amigo.

91. Tú entendías la película.

92. Tú acompañabas a tu amigo al cine ayer.

93. Ella dejaba a las vacas comer césped.

94. Ellos acompañaban a su amigo al cine ayer.

95. Yo aprendía inglés en la escuela.

96. Tú seguías el camino.

97. Ella tocaba el piano toda la mañana.

98. Ustedes terminaban la inspección.

99. Ella leía la revista en el barco.

100. Ellos aceptaban su premio ayer.

101. Ustedes aprendían español en la escuela.

102. Ustedes compraban ropa en el centro comercial.

103. Tú traías el almuerzo a tu esposa.

104. Ustedes vendían monedas.

105. Tú buscabas las manzanas en el sótano.

106. Nosotros hablábamos muy rápido.

107. Nosotros cambiábamos la llanta.

108. Tú volvías del juego de fútbol.

109. Ellos trabajaban duro en la casa.

110. Yo entendía la película.

111. Nosotros traíamos el almuerzo a nuestras esposas.

112. Ella enseñaba matemáticas a su amiga.

113. Ella bebía el agua.

114. Ella recibía cartas.

115. Tú contabas un cuento cerca de la fogata.

116. Yo tocaba el piano toda la mañana.

117. Yo contaba un cuento cerca de la fogata.

118. Nosotros buscábamos las manzanas en el sótano.

119. Ustedes dejaban a las vacas comer césped.

120. Ellos visitaban a un amigo.

121. Ella volaba cerca de las nubes.

122. Nosotros ayudábamos a nuestra hermana con su tarea.

123. Ellos corrían al cine.

124. Yo empezaba a regresar.

125. Nosotros volvíamos del juego de fútbol.

126. Nosotros descansábamos en nuestro cuarto.

127. Nosotros sacábamos la basura.

128. Tú cambiabas la llanta.

129. Nosotros contábamos un cuento cerca de la fogata.

130. Yo enseñaba matemáticas a mi amigo.

131. Nosotros acabábamos la pregunta.

132. Nosotros manejábamos a través de un túnel.

133. Ella reía toda la noche.

134. Ellos vivían en un apartamento.

135. Yo seguía el camino.

136. Ella escribía una carta larga.

137. Yo freía el pescado más temprano.

138. Ella preguntaba sobre el reloj.

139. Nosotros dejábamos a las vacas comer césped.

140. Yo estudiaba con mi amigo.

141. Ella bebía café en la cafetería.

142. Ella trabajaba duro en la casa.

143. Nosotros abríamos la puerta.

144. Ustedes aprendían inglés en la escuela.

145. Yo escribía una carta larga.

146. Nosotros bebíamos el agua.

147. Nosotros caminábamos a la biblioteca.

148. Ellos preguntaban sobre el reloj.

149. Tú cantabas en tu cuarto.

150. Yo admiraba la puesta del sol.

151. Yo leía la revista en el barco.

152. Tú recibías cartas.

153. Ella empezaba a regresar.

154. Ellos aprendían español en la escuela.

155. Nosotros cantábamos en nuestro cuarto.

156. Ustedes pagaban la multa.

157. Nosotros admirábamos la obra de Picasso.

158. Ellos sacaban la basura.

159. Tú leías la revista en el barco.

160. Ella vivía en un apartamento.

161. Ustedes estudiaban con su amigo.

162. Yo bailaba en mi cuarto.

163. Ellos descansaban en su cuarto.

164. Él admiraba la puesta del sol.

165. Yo comía en mi auto.

166. Tú volabas cerca de las nubes.

167. Ellos tocaban el piano toda la mañana.

168. Ustedes bailaban todo el día.

169. Nosotros aceptábamos nuestro premio ayer.

170. Nosotros leíamos la revista en el barco.

171. Nosotros vendíamos las monedas.

172. Ellos entendían la película.

173. Ustedes bebían el agua.

174. Nosotros comíamos en nuestro auto.

175. Yo cantaba en mi cuarto.

176. Ellos compraban ropa en el centro comercial.

177. Tú aceptabas tu premio ayer.

178. Nosotros entendíamos la película.

179. Ustedes recibían cartas.

180. Ella freía el pescado más temprano.

181. Ustedes corrían al cine.

182. Ustedes bebían café en la cafetería.

183. Ustedes reían toda la noche.

184. Ellos hablaban muy rápido.

185. Ella caminaba durante la tormenta.

186. Nosotros caminábamos durante la tormenta.

187. Yo enviaba el correo desde el trabajo.

188. Nosotros bailábamos en nuestro cuarto.

189. Yo acababa la pregunta.

190. Tú terminabas la inspección.

191. Nosotros enseñábamos matemáticas a nuestro amigo.

192. Yo buscaba las manzanas en el sótano.

193. Yo terminaba la inspección.

194. Yo trabajaba duro en la casa.

195. Yo perdía en el juego de baloncesto.

196. Nosotros escribíamos una carta larga.

197. Ustedes sacaban la basura.

198. Yo acompañaba a mi amigo al cine ayer.

199. Tú cambiabas la bombilla.

200. Nosotros aprendíamos español en la escuela.

201. Ellos comían en su auto.

202. Tú trabajabas duro en la casa.

203. Tú caminabas a la biblioteca.

204. Tú vivías en un apartamento.

205. Yo sacaba la basura.

206. Yo caminaba durante la tormenta.

207. Yo volaba cerca de las nubes.

208. Ellos perdían en el juego de baloncesto.

209. Ellos leían la revista en el barco.

210. Ustedes manejaban a través de un túnel.

211. Ella cambiaba la bombilla.

212. Nosotros estudiábamos con nuestro amigo.

213. Yo bailaba todo el día.

214. Ustedes comían en mi auto.

215. Tú sacabas la basura.

216. Ellos caminaban durante la tormenta.

217. Ella aprendía inglés en la escuela.

218. Ella horneaba en la cocina.

219. Ella buscaba las manzanas en el sótano.

220. Ellos cambiaban la bombilla.

Chapter 5

1. Ellos abrirían la botella.

2. Yo cantaría enfrente de mi familia.

3. Él querría más comida.

4. Nosotros empezaríamos por leer.

5. Nosotros tocaríamos la guitarra primero.

6. Tú vivirías en Chicago.

7. Nosotros sacaríamos la basura.

8. Él comería todo el helado.

9. Ustedes cambiarían la cerradura.

10. Yo hornearía en la reunión.

11. Nosotros prestaríamos todo a nuestro vecino.

12. Yo correría a lo largo del río.

13. Él reiría si el chiste fuera cómico.

14. Ellos enviarían una tarjeta de cumpleaños a ella.

15. Ellos hornearían en la reunión.

16. Tú venderías todos los sellos.

17. Ellos pagarían el agua.

18. Él freiría la comida primero.

19. Yo tocaría la guitarra primero.

20. Tú encontrarías el libro primero.

21. Ellos prestarían todo a su vecino.

22. Ellos aprenderían a tocar el piano si tuvieran dinero.

23. Ustedes visitarían la ciudad.

24. Ellos leerían esa carta otra vez.

25. Yo cambiaría la cerradura.

26. Él diría la respuesta si la supiera.

27. Yo caminaría más rápido.

28. Ellos saldrían una hora más temprano.

29. Nosotros entenderíamos el mensaje.

30. Nosotros escucharíamos esta canción otra vez.

31. Ellos volverían a la tienda.

32. Ellos sonreirían si ganaran la lotería.

33. Yo entendería el mensaje.

34. Tú verías al doctor primero.

35. Ellos enseñarían en el gimnasio.

36. Él escribiría una carta de cumpleaños.

37. Ellos admirarían el sol en la noche.

38. Tú descansarías durante la película.

39. Yo escribiría una carta de cumpleaños.

40. Nosotros recibiríamos el paquete.

41. Yo estudiaría para el examen de matemáticas.

42. Ustedes abrirían la botella.

43. Tú manejarías al centro comercial.

44. Él enseñaría en el gimnasio.

45. Él leería esa carta otra vez.

46. Yo encontraría el libro primero.

47. Yo visitaría la ciudad.

48. Él cambiaría la cerradura.

49. Él volvería a la tienda.

50. Tú estudiarías para el examen de matemáticas.

51. Él daría su auto a su vecino.

52. Ellos freirían la comida primero.

53. Tú viajarías por comida buena.

54. Nosotros daríamos nuestro auto a nuestro vecino.

55. Yo sonreiría si ganaran la lotería.

56. Ellos nunca olvidarían sus bolsos.

57. Yo reiría si el chiste fuera cómico.

58. Ellos esperarían cerca de la puerta.

59. Yo viviría en Chicago.

60. Él ayudaría a su maestro durante la clase.

61. Yo recibiría el paquete.

62. Nosotros venderíamos todos los sellos.

63. Él prestaría todo a su vecino.

64. Él enviaría una tarjeta de cumpleaños a ella.

65. Él tocaría la guitarra primero.

66. Nosotros traeríamos más agua.

67. Ustedes escribirían una carta de cumpleaños.

68. Él esperaría cerca de la puerta.

69. Él seguiría la calle hasta la biblioteca.

70. Yo daría mi auto a mi vecino.

71. Tú freirías la comida primero.

72. Ellos aceptarían el trabajo.

73. Ellos tocarían la guitarra primero.

74. Ustedes leerían esa carta otra vez.

75. Él terminaría la pintura.

76. Él recibiría el paquete.

77. Ustedes vivirían en Chicago.

78. Ustedes verían al doctor primero.

79. Nosotros enviaríamos una tarjeta de cumpleaños a ella.

80. Yo volaría en un avión.

81. Tú ayudarías a tu maestro durante la clase.

82. Nosotros entraríamos al túnel durante el día.

83. Él cantaría enfrente de su familia.

84. Él visitaría la ciudad.

85. Ellos encontrarían el libro primero.

86. Ustedes admirarían el sol en la noche.

87. Ellos darían su auto a su vecino.

88. Tú abrirías la botella.

89. Tú tocarías la guitarra primero.

90. Nosotros saldríamos una hora más temprano.

91. Tú darías tu auto a tu vecino.

92. Tú buscarías por el auto.

93. Yo enseñaría en el gimnasio.

94. Ustedes freirían la comida primero.

95. Nosotros practicaríamos la escritura en clase.

96. Ustedes deberían dinero a la tienda.

97. Ellos querrían más comida.

98. Yo acabaría el rompecabezas.

99. Ellos trabajarían toda la noche.

100. Yo abriría la botella.

101. Ellos viajarían por comida buena.

102. Él entraría al túnel durante el día.

103. Nosotros viviríamos en Chicago.

104. Él abriría la botella.

105. Nosotros preguntaríamos cómo jugar el juego.

106. Nosotros diríamos la respuesta si la supiéramos.

107. Nosotros estudiaríamos para el examen de matemáticas.

108. Yo bebería agua antes de correr.

109. Ustedes escucharían esta canción otra vez.

110. Yo hablaría en el cuarto.

111. Nosotros pagaríamos el agua.

112. Nosotros deberíamos dinero a la tienda.

113. Yo esperaría cerca de la puerta.

114. Tú reirías si el chiste fuera cómico.

115. Nosotros perderíamos si jugáramos al ajedrez.

116. Él descansaría durante la película.

117. Tú trabajarías toda la noche.

118. Ellos manejarían al centro comercial.

119. Ellos escucharían esta canción otra vez.

120. Tú correrías a lo largo del río.

121. Ellos preguntarían cómo jugar el juego.

122. Yo escucharía esta canción otra vez.

123. Él bailaría con Lucia.

124. Tú enseñarías en el gimnasio.

125. Él pagaría el agua.

126. Ellos sacarían la basura.

127. Yo querría más comida.

128. Ustedes estudiarían para el examen de matemáticas.

129. Tú cantarías enfrente de tu familia.

130. Nosotros admiraríamos el sol en la noche.

131. Ellos dirían la respuesta si la supieran.

132. Ellos acabarían el rompecabezas.

133. Nosotros seguiríamos la calle hasta la biblioteca.

134. Nosotros cantaríamos enfrente de nuestra familia.

135. Ellos buscarían las llaves primero.

136. Ustedes viajarían por comida buena.

137. Él buscaría las llaves primero.

138. Él estudiaría para el examen de matemáticas.

139. Ellos volarían en un avión.

140. Nosotros terminaríamos la pintura.

141. Nosotros volveríamos a la tienda.

142. Nosotros descansaríamos durante la película.

143. Él practicaría ela escritura en clase.

144. Ellos buscarían las llaves primero.

145. Ellos hablarían en el cuarto.

146. Él bebería agua antes de correr.

147. Tú beberías agua antes de correr.

148. Él acabaría el rompecabezas.

149. Tú aprenderías a tocar el piano si tuvieras dinero.

150. Ellos bailarían con John.

151. Él compraría toda la fruta.

152. Ellos vivirían en Chicago.

153. Yo saldría una hora más temprano.

154. Nosotros trabajaríamos toda la noche.

155. Yo traería más agua.

156. Ellos correrían a lo largo del río.

157. Nosotros freiríamos la comida primero.

158. Nosotros aceptaríamos el trabajo.

159. Yo trabajaría toda la noche.

160. Tú traerías más agua.

161. Yo bailaría con John.

162. Tú entenderías el mensaje.

163. Ellos beberían agua antes de correr.

164. Tú terminarías la pintura.

165. Él escucharía esta canción otra vez.

166. Nosotros compraríamos toda la fruta.

167. Ellos comprarían toda la fruta.

168. Nosotros acabaríamos el rompecabezas.

169. Él viviría en Chicago.

170. Ellos descansarían durante la película.

171. Ella entraría al túnel durante el día.

172. Yo vendería todos los sellos.

173. Él preguntaría cómo jugar el juego.

174. Tú dirías la respuesta si la supieras.

175. Yo diría la respuesta si la supiera.

176. Él trabajaría toda la noche.

177. Ellos venderían todos los sellos.

178. Él entendería el mensaje.

179. Él aceptaría el trabajo.

180. Él hornearía en la reunión.

181. Tú enviarías una tarjeta de cumpleaños a ella.

182. Ellos traerían más agua.

183. Tú admirarías el sol en la noche.

184. Yo practicaría la escritura en clase.

185. Tú seguirías la calle hasta la biblioteca.

186. Tú leerías esa carta otra vez.

187. Nosotros enseñaríamos en el gimnasio.

188. Tú practicarías la escritura en clase.

189. Tú entrarías al túnel durante el día.

190. Ustedes correrían a lo largo del río.

191. Ellos ayudarían a su maestro durante la clase.

192. Tú recibirías el paquete.

193. Él saldría una hora más temprano.

194. Yo empezaría por leer.

195. Ustedes enseñarían en el gimnasio.

196. Tú hornearías en la reunión.

197. Él empezaría por leer.

198. Tú escribirías una carta de cumpleaños.

199. Él encontraría el libro primero.

200. Yo volvería a la tienda.

201. Él buscaría por el auto.

202. Ellos caminarían más rápido.

203. Ellos seguirían la calle hasta la biblioteca.

204. Ustedes comerían todo el helado.

205. Él admiraría el sol en la noche.

206. Tú empezarías por leer.

207. Tú escucharías esta canción otra vez.

208. Nosotros buscaríamos las llaves primero.

209. Él sonreiría si ganara la lotería.

210. Él vendería todos los sellos.

211. Nosotros encontraríamos el libro primero.

212. Tú cambiarías la cerradura.

213. Yo debería dinero a la tienda.

214. Nosotros volaríamos en un avión.

215. Tú comerías todo el helado.

216. Él debería dinero a la tienda.

217. Nosotros buscaríamos por el auto.

218. Nosotros escribiríamos una carta de cumpleaños.

219. Yo preguntaría cómo jugar el juego.

Chapter 6

1. Ustedes habrían comido papas fritas.
2. Yo habría bailado en la ciudad.
3. Yo habría visitado a Jeff en el hospital.
4. Ustedes habrían esperado hasta las nueve de la noche.
5. Tú habrías visitado a Jeff en el hospital.
6. Tú habrías visto un tiburón.
7. Tú habrías vendido el microondas.
8. Yo habría comprado la camisa.
9. Yo habría empezado anoche.
10. Tú habrías perdido el juego de futbol.
11. Tú habrías vuelto después de la cena.
12. Nosotros habríamos visitado a Jeff en el hospital.
13. Nosotros habríamos enseñado a nuestra madre a dibujar.
14. Ella habría hablado con el doctor primero.
15. Ustedes habrían estudiado para el examen.
16. Tú habrías abierto la puerta.
17. Nosotros habríamos comido la cena.
18. Yo habría entrado por el comedor.
19. Ellos habrían preguntado sobre el clima.
20. Yo habría visto un tiburón.
21. Ellos habrían freído las cebollas.
22. Nosotros habríamos caminado al edificio.
23. Yo habría manejado al parque.
24. Ustedes habrían aceptado la oferta.
25. Yo habría cambiado el juego.
26. Tú habrías enseñado a tu madre a dibujar.
27. Nosotros habríamos tocado la guitarra hoy.
28. Ella habría terminado el proyecto a tiempo.
29. Ellos habrían aprendido inglés.
30. Tú habrías horneado las galletas.
31. Ellos habrían abierto la puerta.
32. Ella habría vuelto después de la cena.
33. Ustedes habrían visto un tiburón.
34. Ellos habrían comido papas fritas.
35. Ustedes habrían debido al museo una pintura.
36. Ella habría sonreído.
37. Ustedes habrían cantado anoche.
38. Nosotros habríamos encontrado la carretera.
39. Ella habría olvidado comprar la comida.
40. Ella habría horneado las galletas.
41. Ellos habrían hablado con el doctor primero.
42. Nosotros habríamos aprendido inglés.
43. Ella habría volado para la capital.
44. Nosotros habríamos admirado la vista desde el hotel.
45. Ella habría preguntado sobre el clima.
46. Nosotros habríamos entrado por el comedor.
47. Tú habrías encontrado la carretera.
48. Yo habría descansado toda la noche.
49. Ellos habrían sonreído.
50. Ella habría debido al museo una pintura.
51. Ustedes habrían visitado a Jeff en el hospital.
52. Ellos habrían volado para la capital.
53. Nosotros habríamos abierto la carta.
54. Ella habría enviado el dinero por correo.
55. Tú habrías vivido lejos de la ciudad.

56. Tú habrías seguido el consejo del hombre.

57. Yo habría comido la cena.

58. Tú habrías enviado el paquete.

59. Tú habrías recibido el correo ayer.

60. Nosotros habríamos hablado con el doctor primero.

61. Ella habría ayudado a su hermana ayer por la noche.

62. Nosotros habríamos creído que la tierra es plana.

63. Yo habría perdido el juego de fútbol.

64. Tú habrías salido durante el juego de fútbol.

65. Yo habría vuelto después de la cena.

66. Nosotros habríamos comprado la camisa.

67. Ellos habrían abierto el paquete.

68. Ella habría trabajado para el gobierno.

69. Nosotros habríamos ayudado a nuestra hermana ayer por la noche.

70. Tú habrías trabajado para el gobierno.

71. Yo habría vivido lejos de la ciudad.

72. Yo habría traído la maleta.

73. Nosotros habríamos traído la maleta.

74. Nosotros habríamos acabado la tarea.

75. Nosotros habríamos perdido el juego de fútbol.

76. Yo habría viajado contigo.

77. Ustedes habrían comprado pescado en el mercado.

78. Ustedes habrían caminado al edificio.

79. Ustedes habrían corrido en la tarde.

80. Yo habría comido papas fritas.

81. Ellos habrían vuelto después de la cena.

82. Tú habrías enviado el dinero por correo.

83. Ellos habrían comido la cena.

84. Ustedes habrían salido durante el juego de fútbol.

85. Ella habría bebido la botella de jugo de manzana.

86. Ellos habrían descansado todo la noche.

87. Ellos habrían estudiado para el examen.

88. Yo habría bebido la botella de jugo de manzana.

89. Ustedes habrían dado a John más tiempo.

90. Ella habría viajado contigo.

91. Ella habría esperado por el autobús.

92. Nosotros habríamos buscado al perro.

93. Yo habría abierto la carta.

94. Ustedes habrían vuelto después de la cena.

95. Tú habrías cantado anoche.

96. Ellos habrían entrado por el comedor.

97. Yo habría terminado el proyecto a tiempo.

98. Nosotros habríamos corrido en la tarde.

99. Yo habría trabajado para el gobierno.

100. Ella habría aprendido inglés.

101. Nosotros habríamos enviado el paquete.

102. Nosotros habríamos salido durante el juego de fútbol.

103. Ustedes habrían descansado toda la noche.

104. Ella habría enviado el paquete.

105. Yo habría hablado con el doctor primero.

106. Tú habrías encontrado la biblioteca.

107. Tú habrías buscado al perro.

108. Ella habría vendido el microondas.

109. Ustedes habrían comido la cena.

110. Tú habrías abierto el paquete.

111. Tú habrías dicho la verdad.

112. Ella habría esperado hasta las nueve de la noche.

113. Tú habrías aceptado la oferta.

114. Ustedes habrían hablado con el doctor primero.

115. Nosotros habríamos horneado las galletas.

116. Ella habría bailado en la ciudad.

117. Tú habrías corrido en la tarde.

118. Yo habría admirado la vista desde el hotel.

119. Nosotros habríamos terminado el proyecto a tiempo.

120. Ella habría dado a John más tiempo.

121. Nosotros habríamos estudiado para el examen.

122. Yo habría comprado pescado en el mercado.

123. Ellos habrían empezado anoche.

124. Tú habrías debido al museo una pintura.

125. Tú habrías aprendido español de tu vecino.

126. Él habría comprado la camisa.

127. Nosotros habríamos esperado hasta las nueve de la noche.

128. Ustedes habrían dicho la verdad.

129. Ellos habrían bailado en la ciudad.

130. Ellos habrían esperado por el autobús.

131. Ella habría caminado al edificio.

132. Yo habría enseñado a mi madre a dibujar.

133. Yo habría reído durante la película.

134. Ellos habrían acabado la tarea.

135. Nosotros habríamos bebido la botella de jugo de manzana.

136. Nosotros habríamos olvidado comprar la comida.

137. Ellos habrían prestado un libro a la biblioteca.

138. Yo habría caminado al edificio.

139. Ustedes habrían descansado en su casa.

140. Ella habría vivido lejos de la ciudad.

141. Ella habría empezado anoche.

142. Tú habrías hablado con el doctor primero.

143. Ella habría comido papas fritas.

144. Ustedes habrían trabajado para el gobierno.

145. Nosotros habríamos manejado al parque.

146. Tú habrías acabado la tarea.

147. Yo habría horneado las galletas.

148. Ustedes habrían bebido la botella de jugo de manzana.

149. Ustedes habrían admirado la vista desde el hotel.

150. Yo habría seguido el consejo del hombre.

151. Ustedes habrían abierto el paquete.

152. Ella habría salido durante el juego de fútbol.

153. Yo habría debido al museo una pintura.

154. Ellos habrían encontrado la biblioteca.

155. Ellos habrían visto un tiburón.

156. Nosotros habríamos enviado el dinero por correo.

157. Ella habría perdido el juego de fútbol.

158. Tú habrías comido papas fritas.

159. Ellos habrían caminado a la tienda.

160. Nosotros habríamos viajado contigo.

161. Ellos habrían trabajado para el gobierno.

162. Nosotros habríamos escuchado a nuestro abuelo.

163. Ellos habrían bebido la botella de jugo de manzana.

164. Tú habrías estudiado en tu cuarto.

165. Ustedes habrían escrito una carta.

166. Nosotros habríamos sonreído.

167. Ellos habrían creído que la tierra es plana.

168. Él habría comido la cena.

169. Ellos habrían reído durante la película.

170. Tú habrías freído las cebollas.

171. Ella habría recibido el correo ayer.

172. Nosotros habríamos esperado por el autobús.

173. Nosotros habríamos prestado un libro a la biblioteca.

174. Ustedes habrían encontrado la carretera.

175. Ellos habrían aceptado la oferta.

176. Ustedes habrían abierto la carta.

177. Yo habría buscado al perro.

178. Yo habría dado a John más tiempo.

179. Tú habrías entrado por el comedor.

180. Ellos habrían recibido el correo ayer.

181. Tú habrías descansado todo la noche.

182. Ellos habrían olvidado comprar la comida.

183. Ellos habrían traído la maleta.

184. Yo habría practicado la escritura.

185. Yo habría preguntado sobre el clima.

186. Ella habría escuchado a su abuelo.

187. Tú habrías cambiado el juego.

188. Tú habrías comido la cena.

189. Nosotros habríamos preguntado sobre el clima.

190. Ellos habrían escrito una carta.

191. Él habría abierto el paquete.

192. Ellos habrían dado a John más tiempo.

193. Nosotros habríamos trabajado para el gobierno.

194. Yo habría aprendido inglés.

195. Ella habría acabado la tarea.

196. Ella habría abierto la carta.

197. Nosotros habríamos aprendido español de nuestro vecino.

198. Yo habría freído las cebollas.

199. Yo habría enviado el paquete.

200. Ustedes habrían buscado al perro.

201. Ella habría entrado por el comedor.

202. Ellos habrían admirado la vista desde el hotel.

203. Ustedes habrían buscado a la camisa.

204. Tú habrías escrito una carta.

205. Yo habría acabado la tarea.

206. Ella habría traído la maleta.

207. Ustedes habrían cambiado el juego.

208. Ellos habrían comprado la camisa.

209. Yo habría creído que la tierra es plana.

210. Ella habría buscado al perro.

211. Ella habría corrido en la tarde.

212. Yo habría aprendido español de mi vecino.

213. Yo habría ayudado a mi hermana ayer por la noche.

214. Yo habría escrito una carta.

215. Ustedes habrían abierto la puerta.

216. Ellos habrían cambiado el juego.

217. Tú habrías bailado en la ciudad.

218. Tú habrías prestado un libro a la biblioteca.

219. Ellos habrían vendido el microondas.

220. Tú habrías volado para la capital.

Chapter 7

1. Nosotros habíamos traído comida al parque.

2. Ellos habían practicado toda la noche.

3. Tú habías enviado los zapatos por UPS.

4. Ustedes habían cambiado el espejo.

5. Ella había vivido cerca del subterráneo.

6. Nosotros habíamos seguido todas las direcciones.

7. Ellos habían vendido los botes a Bill.

8. Nosotros habíamos hablado con el hombre del escritorio.

9. Nosotros habíamos descansado en la playa.

10. Ella había encontrado la respuesta en el libro.

11. Yo había caminado a mi casa.

12. Tú habías entendido todo.

13. Ustedes habían sonreído ayer.

14. Tú habías horneado en el barco.

15. Yo había terminado toda la comida.

16. Ellos habían visitado todos los pueblos en Texas.

17. Yo había estudiado para el examen de ciencias.

18. Tú habías bebido agua en vez de gaseosa.

19. Ella había entrado al baño.

20. Ellos habían creído que la grasa es mala.

21. Yo había aceptado el trabajo.

22. Nosotros habíamos visitado todos los pueblos en Texas.

23. Ustedes habían recibido el sofá.

24. Tú habías salido por la noche.

25. Ella había cantado en el estadio.

26. Ellos habían manejado en la lluvia.

27. Nosotros habíamos enseñado al perro a sentarse.

28. Yo había perdido el mapa.

29. Ella había bebido agua en vez de gaseosa.

30. Nosotros habíamos pagado la cuenta de la electricidad.

31. Tú habías comprado lápices para la clase.

32. Ellos habían perdido el mapa.

33. Ustedes habían leído todo en la casa.

34. Nosotros habíamos querido comer comida china.

35. Ellos habían abierto la puerta.

36. Yo había vivido cerca del subterráneo.

37. Nosotros habíamos vivido cerca del subterráneo.

38. Ella había comido una hamburguesa.

39. Ella había creído que la grasa es mala.

40. Yo había visitado todos los pueblos en Texas.

41. Ellos habían recibido el sofá.

42. Ellos habían traído comida al parque.

43. Ella había hablado don el hombre del escritorio.

44. Ellos habían viajado con su amigo.

45. Nosotros habíamos dado a nuestro sobrino un auto nuevo.

46. Yo había admirado la obra de Howard Hughes.

47. Ellos habían seguido todas las direcciones.

48. Ella había pagado la cuenta de la electricidad.

49. Tú habías cantado en el estadio.

50. Yo había entrado al baño.

51. Ustedes habían preguntado sobre el auto.

52. Nosotros habíamos creído que la grasa es mala.

53. Ustedes habían esperado en el coche.

54. Ustedes habían empezado el problema.

55. Yo había seguido todas las direcciones.

56. Yo había entendido todo.

57. Yo había aprendido a tocar la guitarra en mi tiempo libre.

58. Ella había seguido todas las direcciones.

59. Ustedes habían descansado en la playa.

60. Ustedes habían practicado toda la noche.

61. Ella había viajado con su amiga.

62. Ustedes habían escuchado el consejo.

63. Ella había escrito un libro.

64. Ella había abierto la puerta.

65. Ella había perdido el mapa.

66. Tú habías entrado al baño.

67. Nosotros habíamos leído todo en la casa.

68. Yo había abierto la puerta.

69. Ustedes habían entrado al baño.

70. Tú habías descansado en la playa.

71. Nosotros habíamos acabado nuestra tarea.

72. Tú habías manejado en la lluvia.

73. Yo había bailado esa mañana.

74. Ustedes habían escrito un libro.

75. Tú habías creído que la grasa es mala.

76. Ella había aceptado el trabajo.

77. Tú habías estudiado para el examen de ciencias.

78. Tú habías empezado el problema.

79. Yo había buscado mi teléfono en la cueva.

80. Yo había reído cuando manejaba.

81. Tú habías caminado a mi casa.

82. Ella había leído todo en la casa.

83. Tú habías dado a tu sobrino un auto nuevo.

84. Ella había manejado en la lluvia.

85. Ella había prestado un bolígrafo a una compañera de clases.

86. Yo había escrito un libro.

87. Yo había vendido los botes a Bill.

88. Tú habías encontrado la respuesta en el libro.

89. Ella había dejado los peces en el agua.

90. Ustedes habían visitado todos los pueblos en Texas.

91. Yo había leído todo en la casa.

92. Yo había corrido por el campo de fútbol.

93. Ella había horneado en el barco.

94. Ellos habían empezado el problema.

95. Ella había volado sobre el mar.

96. Yo había sonreído ayer.

97. Ellos habían caminado a mi casa.

98. Ella había comprado lápices para la clase.

99. Nosotros habíamos horneado en el barco.

100. Ellos habían comprado lápices para la clase.

101. Tú habías escuchado el consejo.

102. Ellos habían estudiado para el examen de ciencias.

103. Ellos habían vivido cerca del subterráneo.

104. Ellos habían dado a su sobrino un auto nuevo.

105. Ella había admirado la obra de Howard Hughes.

106. Ella había caminado a mi casa.

107. Yo había practicado toda la noche.

108. Nosotros habíamos caminado a mi casa.

109. Ella había acabado su tarea.

110. Ustedes habían querido comer comida china.

111. Ustedes habían dado a su sobrino un auto nuevo.

112. Nosotros habíamos prestado un bolígrafo a una compañera de clases.

113. Ustedes habían cantado en el estadio.

114. Tú habías caminado al cine.

115. Yo había cantado en el estadio.

116. Ustedes habían dejado los peces en el agua.

117. Yo había creído que la grasa es mala.

118. Ellos habían preguntado sobre el auto.

119. Ellos habían tocado el violín en una banda.

120. Ustedes habían encontrado la respuesta en el libro.

121. Tú habías abierto la puerta.

122. Tú habías esperado en el coche.

123. Ella había tocado el violín en una banda.

124. Tú habías prestado un bolígrafo a una compañera de clases.

125. Ellos habían hablado con el hombre del escritorio.

126. Ella había empezado el problema.

127. Ellos habían aceptado el trabajo.

128. Ustedes habían entendido todo.

129. Nosotros habíamos aceptado el trabajo.

130. Tú habías leído todo en la casa.

131. Ustedes habían seguido todas las direcciones.

132. Ella había preguntado sobre el auto.

133. Ella había enseñado al perro a sentarse.

134. Ellos habían salido por la noche.

135. Ustedes habían viajado con su amigo.

136. Nosotros habíamos buscado el teléfono en la cueva.

137. Tú habías trabajado toda la mañana.

138. Yo había comprado lápices para la clase.

139. Yo había volado sobre el mar.

140. Ellos habían sonreído ayer.

141. Ellos habían escuchado el consejo.

142. Tú habías hablado al hombre del escritorio.

143. Ella había escuchado el consejo.

144. Ella había abierto la carta.

145. Yo había visto todas esas películas.

146. Ella había sonreído ayer.

147. Ella había caminado al cine.

148. Tú habías buscado el teléfono en la cueva.

149. Ellos habían ayudado a su vecino muchas veces.

150. Yo había manejado en la lluvia.

151. Ellos habían abierto la carta.

152. Nosotros habíamos admirado la obra de Howard Hughes.

153. Ellos habían enviado los zapatos por UPS.

154. Tú habías viajado con tu amigo.

155. Ellos habían escrito un libro.

156. Yo había recibido el sofá.

157. Tú habías visto todas esas películas.

158. Yo había descansado en la playa.

159. Ellos habían querido comer comida china.

160. Nosotros habíamos terminado toda la comida.

161. Ellos habían cantado en el estadio.

162. Tú habías corrido por el campo de fútbol.

163. Ella había visto todas esas películas.

164. Tú habías perdido el mapa.

165. Ellos habían trabajado toda la mañana.

166. Yo había cambiado el espejo.

167. Ella había bailado esa mañana.

168. Yo había tocado el violín en una banda.

169. Nosotros habíamos bebido agua en vez de gaseosa.

170. Nosotros habíamos empezado el problema.

171. Tú habías preguntado sobre el auto.

172. Tú habías terminado toda la comida.

173. Tú habías admirado la obra de Howard Hughes.

174. Ustedes habían admirado la obra de Howard Hughes.

175. Ustedes habían aprendido a tocar la guitarra en su tiempo libre.

176. Ustedes habían buscado el teléfono en la cueva.

177. Ella había traído comida al parque.

178. Tú habías tocado el violín en una banda.

179. Ellos habían leído todo en la casa.

180. Nosotros habíamos ayudado a nuestro vecino muchas veces.

181. Ellos habían visto todas esas películas.

182. Ustedes habían pagado la cuenta de la electricidad.

183. Tú habías enseñado al perro a sentarse.

184. Ella había dado a su sobrino un nuevo auto.

185. Yo había escuchado el consejo.

186. Ustedes habían comprado lápices para la clase.

187. Ella había descansado en la playa.

188. Ella había estudiado para el examen de ciencias.

189. Nosotros habíamos practicado toda la noche.

190. Yo había prestado un bolígrafo a mi compañera de clases.

191. Ella había buscado el teléfono en la cueva.

192. Tú habías pagado la cuenta de la electricidad.

193. Yo había enseñado al perro a sentarse.

194. Ustedes habían caminado a mi casa.

195. Nosotros habíamos cantado en el estadio.

196. Ellos habían buscado el teléfono en la cueva.

197. Ustedes habían caminado al cine.

198. Ellos habían descansado en la playa.

199. Ellos habían prestado un bolígrafo a una compañera de clases.

200. Tú habías aprendido a tocar la guitarra en tu tiempo libre.

201. Yo había dejado los peces en el agua.

202. Ellos habían comido una hamburguesa.

203. Ella había querido comer comida china.

204. Tú habías visitado todos los pueblos en Texas.

205. Ellos habían aprendido a tocar la guitarra en su tiempo libre.

206. Ellos habían dejado los peces en el agua.

207. Ella había enviado los zapatos por UPS.

208. Ustedes habían bailado esa mañana.

209. Nosotros habíamos entendido todo.

210. Ella había practicado toda la noche.

211. Nosotros habíamos dejado a los peces en el agua.

212. Tú habías comido una hamburguesa.

213. Tú habías volado sobre el mar.

214. Nosotros habíamos escuchado el consejo.

215. Tú habías escrito un libro.

216. Yo había enviado los zapatos por UPS.

217. Ustedes habían corrido por el campo de fútbol.

218. Ellos habían cambiado el espejo.

219. Ella había aprendido a tocar la guitarra en su tiempo libre.

220. Nosotros habíamos sonreído ayer.

Chapter 8

1. Tú has traído todo el dinero.

2. Ellos han visto la luna.

3. Yo he vuelto al pueblo.

4. Nosotros hemos bailado toda nuestra vida.

5. Tú has seguido la corriente oceánica.

6. Ustedes han aceptado el empleo.

7. Ella ha escrito dos libros.

8. Ellos han manejado en la nieve.

9. Ella ha horneado todo el día.

10. Ustedes han esperado toda la noche.

11. Ella ha hablado frente a cien personas.

12. Nosotros hemos querido un barco en el pasado.

13. Ella ha traído todo el dinero.

14. Ellos han volado en un jet.

15. Tú has bailado toda tu vida.

16. Tú has estudiado toda la mañana.

17. Yo he aceptado el empleo.

18. Ella ha pagado la cuenta del teléfono.

19. Yo he comprado el pastel en ese restaurante.

20. Ustedes han enseñado álgebra a adultos.

21. Nosotros hemos viajado a Florida.

22. Ellos han acabado el problema.

23. Yo he aprendido francés.

24. Ustedes han seguido la corriente oceánica.

25. Yo he caminado en el maratón.

26. Ella ha ayudado a su vecino muchas veces.

27. Tú has tocado la trompeta por cinco años.

28. Ustedes han visto la luna.

29. Yo he acompañado a mi vecino al cine en el pasado.

30. Nosotros hemos estudiado toda la mañana.

31. Ellos han comido carne en la escuela.

32. Yo he enviado el balde de agua.

33. Yo he freído oreos una vez.

34. Ustedes han abierto la botella.

35. Ellos han debido dinero a esa compañía.

36. Ustedes han recibido malas noticias.

37. Ustedes han visitado todo Perú.

38. Nosotros hemos pagado la cuenta del teléfono.

39. Ella ha trabajado en los áticos durante el verano.

40. Tú has leído el periódico.

41. Ella ha salido del cuarto.

42. Ella ha abierto la botella.

43. Ellos han ayudado a su vecino muchas veces.

44. Yo he volado en un jet.

45. Nosotros hemos caminado en el maratón.

46. Tú has acompañado a tu vecino al cine en el pasado.

47. Nosotros hemos hablado frente a cien personas.

48. Nosotros hemos descansado por dos horas.

49. Ella ha leído el periódico.

50. Ellos han tocado la trompeta por cinco años.

51. Yo he practicado golf con mi padre.

52. Ellos no han entendido nada.

53. Tú has vivido en un castillo.

54. Ella ha bebido jugo en el gimnasio.

55. Ellos han dicho la verdad.

56. Nosotros hemos manejado en la nieve.

57. Tú has buscado la billetera en la cocina.

58. Yo he manejado en la nieve.

59. Nosotros hemos dado todo nuestro dinero a nuestro entrenador.

60. Nosotros hemos debido dinero a esa compañía.

61. Ellos han cambiado la mesa de comedor.

62. Ustedes han escrito dos libros.

63. Nosotros hemos escuchado todo tipo de música.

64. Ellos han bailado toda su vida.

65. Nosotros hemos horneado todo el día.

66. Ellos han pagado la cuenta del teléfono.

67. Ellos se han terminado tres filetes.

68. Ella ha manejado en la nieve.

69. Ustedes han comprado el pastel en ese restaurante.

70. Ustedes han acabado el problema.

71. Tú has comprado el pastel en ese restaurante.

72. Ellos han escuchado todo tipo de música.

73. Ella ha dejado correr los caballos.

74. Ellos han recibido malas noticias.

75. Ella ha visto la luna.

76. Nosotros hemos comido carne en la escuela.

77. Tú has dicho la verdad.

78. Ellos han enseñado álgebra a adultos.

79. Ella ha practicado golf con su padre.

80. Ellos han visitado todo Perú.

81. Tú has escrito dos libros.

82. Ellos han corrido por esa calle.

83. Ella ha freído oreos una vez.

84. Ellos han bebido jugo en el gimnasio.

85. Nosotros hemos enviado el balde de agua.

86. Nosotros hemos dejado correr los caballos.

87. Yo he horneado todo el día.

88. Tú has caminado en el maratón.

89. Tú has abierto la caja.

90. Yo he dicho la verdad.

91. Ellos han trabajado en los áticos durante el verano.

92. Nosotros hemos leído mil libros.

93. Yo he abierto la botella.

94. Ustedes han horneado todo el día.

95. Ella ha aceptado el empleo.

96. Nosotros hemos enseñado álgebra a adultos.

97. Nosotros hemos dicho la verdad.

98. Nosotros hemos prestado nuestro videojuego a la tienda.

99. Yo he esperado toda la noche.

100. Yo no he entendido nada.

101. Nosotros hemos visitado todo Perú.

102. Yo he vendido la guitarra.

103. Ellos han esperado toda la noche.

104. Ellos han prestado su videojuego a la tienda.

105. Tú has preguntado a tu padre acerca del dinero.

106. Nosotros hemos buscado la billetera en la cocina.

107. Ellos han salido del cuarto.

108. Ellos han preguntado a su padre acerca del dinero.

109. Ellos han acompañado a su vecino al cine en el pasado.

110. Tú has empezado tu viaje.

111. Yo he traído todo el dinero.

112. Ellos han escrito dos libros.

113. Nosotros hemos encontrado monedas en la calle.

114. Tú has enseñado álgebra a adultos.

115. Yo he cantado en la iglesia.

116. Ella ha preguntado a su padre acerca del dinero.

117. Tú has acabado el problema.

118. Tú has aceptado el empleo.

119. Nosotros hemos ayudado a nuestro vecino muchas veces.

120. Ellos han leído el periódico.

121. Nosotros hemos salido del cuarto.

122. Ella ha recibido malas noticias.

123. Tú has corrido por esa calle.

124. Ella ha querido un barco en el pasado.

125. Tú has ayudado a tu vecino muchas veces.

126. Yo he vivido en un castillo.

127. Ella ha comprado el pastel en ese restaurante.

128. Ustedes han aprendido francés.

129. Yo he salido del cuarto.

130. Ellos han enviado el balde de agua.

131. Yo he comido carne en la escuela.

132. Nosotros hemos creído que la fruta es sana.

133. Tú has debido dinero a esa compañía.

134. Ella ha perdido su teléfono móvil.

135. Ella no ha entendido nada.

136. Nosotros hemos cambiado la mesa de comedor.

137. Ellos han abierto la caja.

138. Nosotros hemos volado en un jet.

139. Nosotros hemos recibido malas noticias.

140. Nosotros no hemos entendido nada.

141. Tú has querido un barco en el pasado.

142. Tú has dejado correr los caballos.

143. Ellos han estudiado toda la mañana.

144. Tú has freído oreos una vez.

145. Ustedes han viajado a Florida.

146. Ustedes han querido un barco en el pasado.

147. Tú has vuelto al pueblo.

148. Ella ha corrido por esa calle.

149. Tú has pagado la cuenta del teléfono.

150. Yo he debido dinero a esa compañía.

151. Yo he cambiado la mesa de comedor.

152. Ustedes han traído todo el dinero.

153. Yo he prestado mi videojuego a la tienda.

154. Ustedes han bailado toda su vida.

155. Nosotros hemos bebido jugo en el gimnasio.

156. Nosotros hemos perdido nuestro teléfono móvil.

157. Ella ha buscado la billetera en la cocina.

158. Ellos han traído todo el dinero.

159. Yo he reído todo el día.

160. Tú has reído todo el día.

161. Ellos han hablado frente a cien personas.

162. Nosotros hemos preguntado a nuestro padre acerca del dinero.

163. Ella ha enseñado álgebra a adultos.

164. Ella ha reído todo el día.

165. Yo he pagado la cuenta del teléfono.

166. Ustedes han leído el periódico.

167. Tú has enviado el balde de agua.

168. Yo he hablado frente a cien personas.

169. Yo he trabajado en los áticos.

170. Yo he leído el periódico.

171. Yo he querido un barco en el pasado.

172. Nosotros hemos escrito dos libros.

173. Nosotros hemos comprado el pastel en ese restaurante.

174. Yo he abierto la caja.

175. Tú has vendido la guitarra.

176. Yo he corrido por esa calle.

177. Ellos han freído oreos una vez.

178. Ella ha horneado toda la tarde.

179. Ellos han aprendido francés.

180. Ella ha seguido la corriente oceánica.

181. Yo he dado todo mi dinero a mi entrenador.

182. Tú te has terminado tres filetes.

183. Ellos han seguido la corriente oceánica.

184. Ellos han abierto la botella.

185. Ustedes han vivido en un castillo.

186. Ellos han dado todo su dinero a su entrenador.

187. Nosotros hemos abierto la caja.

188. Ustedes han dado todo su dinero a su entrenador.

189. Nosotros hemos acompañado a nuestro vecino al cine en el pasado.

190. Yo he perdido mi teléfono móvil.

191. Nosotros hemos traído todo el dinero.

192. Tú no has entendido nada.

193. Tú has esperado toda la noche.

194. Tú has visto la luna.

195. Ella ha comido carne en la escuela.

196. Tú has bebido jugo en el gimnasio.

197. Yo he estudiado toda la mañana.

198. Ellos han aceptado el empleo.

199. Tú has dado todo tu dinero a tu entrenador.

200. Yo he acabado el problema.

201. Nosotros hemos leído el periódico.

202. Tú has escuchado todo tipo de música.

203. Nosotros hemos empezado nuestro viaje.

204. Ella ha descansado por dos horas.

205. Nosotros hemos vivido en un castillo.

206. Ella ha aprendido francés.

207. Tú has descansado por dos horas.

208. Ustedes han hablado frente a cien personas.

209. Tú has cantado en la iglesia.

210. Tú has perdido tu teléfono móvil.

211. Tú has creído que la fruta es sana.

212. Ustedes han manejado en la nieve.

213. Ustedes han estudiado toda la mañana.

214. Nosotros hemos acabado el problema.

215. Ella ha bailado toda su vida.

216. Ellos han perdido su teléfono móvil.

217. Nosotros hemos reído todo el día.

218. Yo he viajado a Florida.

219. Ella ha caminado en el maratón.

220. Tú has cambiado la mesa de comedor.

Chapter 9

1. Ella había preguntado sobre el auto.
2. Yo contaba un cuento cerca de la fogata.
3. Tú debes a tu abuela un reloj nuevo.
4. Yo habría dicho la verdad.
5. Ustedes viajaban por Europa.
6. Ustedes habían admirado la obra de Howard Hughes.
7. Nosotros vemos los pájaros en el árbol.
8. Yo viví en tres países diferentes.
9. Ellos acompañan a su amigo al cine a veces.
10. Tú habrías acabado la tarea.
11. Ella bebía el agua.
12. Yo seguía el camino.
13. Yo estudié por dos horas.
14. Ustedes han debido dinero a esa compañía.
15. Ustedes seguían el camino.
16. Yo debo a mi abuela un reloj nuevo.
17. Tú aceptarías el trabajo.
18. Yo cambié las reglas del juego.
19. Tú has abierto la caja.
20. Nosotros habríamos olvidado comprar la comida.
21. Nosotros aprenderíamos a tocar el piano si tuviéramos dinero.
22. Yo hablaré con mi abuelo más tarde.
23. Él encontraría el libro primero.
24. Nosotros acabaremos el problema.
25. Ellos encontrarían el libro primero.
26. Tú tocabas el piano toda la mañana.
27. Yo recibiré las noticias mañana.
28. Ellos volarán a Florida mañana.
29. Ella ha estudiado toda la mañana.
30. Él entraría al túnel durante el día.
31. Tú abres la puerta en la mañana.
32. Ellos pierden en los juegos de mesa a menudo.
33. Ustedes rieron toda la noche.
34. Ustedes habrían empezado anoche.
35. Nosotros habíamos practicado toda la noche.
36. Nosotros prestamos el sombrero a John.
37. Ellos enviaron la caja más temprano.
38. Él admiraría el sol en la noche.
39. Nosotros creemos en Papá Noel.
40. Ustedes volverán al proyecto mañana.
41. Ustedes encontrarán la billetera más tarde.
42. Ellos escribían una carta larga.
43. Ellos quisieron huevos para el desayuno.
44. Nosotros hemos traído todo el dinero.
45. Tú volaste de NY a Grecia.
46. Ella tocará el violín más tarde.
47. Ustedes habrían acabado la tarea.
48. Tú buscarás la tarjeta de crédito.
49. Nosotros habríamos hablado con el doctor primero.
50. Ellos tocarían la guitarra primero.
51. Nosotros habríamos aprendido español de nuestro vecino.
52. Ellos habrían terminado el proyecto a tiempo.
53. Ustedes habrían aprendido inglés.
54. Nosotros habríamos ayudado a nuestra hermana ayer por la noche.
55. Yo he volado en un jet.

56. Yo he esperado toda la noche.

57. Nosotros sacaríamos la basura.

58. Ella prestará dinero a la escuela.

59. Nosotros freíamos el pescado más temprano.

60. Yo había seguido todas las direcciones.

61. Yo salgo de la casa a las seis de la mañana.

62. Yo he buscado mi billetera en la cocina.

63. Ellos comprarían toda la fruta.

64. Ellos siguen las instrucciones bien.

65. Nosotros habríamos estudiado para el examen.

66. Ellos vivirían en Chicago.

67. Nosotros vivíamos en un apartamento.

68. Ustedes abrirían la botella.

69. Tú habías abierto la carta.

70. Ustedes habían abierto la carta.

71. Ellos escribieron una carta corta.

72. Nosotros habíamos dicho mentiras a nuestra madre.

73. Nosotros traemos nuestra guitarra al trabajo.

74. Yo escribiré un discurso.

75. Ustedes bailarán más tarde.

76. Yo corro cada sábado.

77. Yo habría debido al museo una pintura.

78. Yo camino en la mañana.

79. Ella descansaba en su cuarto.

80. Él camina en la mañana.

81. Nosotros habríamos creído que la tierra es plana.

82. Nosotros freímos el pescado en la sartén.

83. Ella había dejado los peces en el agua.

84. Nosotros pagamos nuestras cuentas cada mes.

85. Nosotros hemos visitado todo Perú.

86. Nosotros habríamos abierto la carta.

87. Ella ha enviado el balde de agua.

88. Tú has practicado golf con tu padre.

89. Nosotros visitaremos a nuestro vecino mañana.

90. Nosotros viajaríamos por comida buena.

91. Ella verá al profesor hoy.

92. Yo prestaría todo a mi vecino.

93. Ustedes vendían monedas.

94. Yo querría más comida.

95. Ellos enviarían una tarjeta de cumpleaños a ella.

96. Nosotros hemos visto la luna.

97. Ella habría sonreído.

98. Yo he practicado golf con mi padre.

99. Yo me he terminado tres filetes.

100. Tú has escuchado todo tipo de música.

101. Ella ha abierto la botella.

102. Yo acabaría el rompecabezas.

103. Nosotros caminamos a la tienda ayer.

104. Tú escuchas cuando la gente habla.

105. Ellos habrían olvidado comprar la comida.

106. Ellos vendían las monedas.

107. Ellos han corrido por esa calle.

108. Ella ha buscado la billetera en la cocina.

109. Nosotros compramos una camisa ayer.

110. Ustedes habrían dicho la verdad.

111. Ustedes descansaban en su cuarto.

112. Tú hablabas muy rápido.

113. Tú acabaste la tarea.

114. Ella pagará la ropa nueva.

115. Yo habría caminado al edificio.

116. Tú escribes poemas cada viernes.

117. Ustedes pagan sus cuentas cada mes.

118. Ella leía la revista en el barco.

119. Tú visitaste Nueva York el año pasado.

120. Tú terminarás el juego más tarde.

121. Ellos volverán al proyecto mañana.

122. Tú entendiste cuando él habló.

123. Ustedes habían recibido el sofá.

124. Ella habría corrido en la tarde.

125. Ella vivirá por cien años.

126. Tú practicarás los problemas de matemáticas más tarde.

127. Yo viajaré cuando tenga más dinero.

128. Ella dará el dinero a los pobres.

129. Ustedes habrían caminado a la tienda.

130. Nosotros vimos al perro detrás de la casa.

131. Ella ha hablado frente a cien personas.

132. Nosotros vivimos con nuestro perro.

133. Ellos habrían enseñado a su madre a dibujar.

134. Ellos han querido un barco en el pasado.

135. Ustedes caminaban a la biblioteca.

136. Ellos verán al profesor hoy.

137. Nosotros volvimos a la casa después del trabajo.

138. Tú caminaste a la tienda ayer.

139. Tú comes huevos en la mañana.

140. Tú empezarías por leer.

141. Nosotros trabajamos en Nueva York.

142. Tú has tocado la trompeta por cinco años.

143. Nosotros habríamos salido durante el juego de fútbol.

144. Tú saldrías una hora más temprano.

145. Ella habría horneado las galletas.

146. Tú has pagado la cuenta del teléfono.

147. Ellos traían el almuerzo a sus esposas.

148. Nosotros cantamos en la ópera.

149. Ustedes quieren esa pintura.

150. Tú estudiarás mañana.

151. Tú admiraste a tu padre.

152. Tú comías en tu auto.

153. Él estudió por dos horas.

154. Nosotros cambiábamos la bombilla.

155. Yo perdería si jugara al ajedrez.

156. Yo enseñaría en el gimnasio.

157. Tú habrías seguido el consejo del hombre.

158. Nosotros habíamos horneado en el barco.

159. Ella habría enviado el dinero por correo.

160. Ellos han viajado a Florida.

161. Tú traes tu guitarra al trabajo.

162. Ellos habrían ayudado a su hermana ayer por la noche.

163. Tú crees en Papá Noel.

164. Nosotros traeremos la comida a la fiesta.

165. Nosotros habríamos vuelto después de la cena.

166. Yo sacaría la basura.

167. Nosotros habríamos perdido el juego de fútbol.

168. Yo entrené para el maratón.

169. Ellos han debido dinero a esa compañía.

170. Ella seguirá el camino en la montaña.

171. Yo enseñé inglés por veinte años.

172. Nosotros habíamos vendido los botes a Bill.

173. Ellos cambiaban la llanta.

174. Ustedes habrían debido al museo una pintura.

175. Él estudia física en la universidad.

176. Él terminaría la pintura.

177. Nosotros trabajaremos hasta las diez de la noche.

178. Él habría buscado a la camisa.

179. Ella ha corrido por esa calle.

180. Tú habrías abierto el paquete.

181. Tú escucharías esta canción otra vez.

182. Tú habías trabajado toda la mañana.

183. Tú trabajarías toda la noche.

184. Ellos habían aceptado el trabajo.

185. Ella practicará los problemas de matemáticas más tarde.

186. Ella había cambiado el espejo.

187. Yo como huevos en la mañana.

188. Tú debiste dinero a tu hermano.

189. Tú lees el periódico en la mañana.

190. Ustedes aprenden español en la escuela.

191. Ella había estudiado para el examen de ciencias.

192. Tú olvidas tu billetera a veces.

193. Yo habría olvidado comprar la comida.

194. Ellos viajaban por Europa.

195. Yo encuentro esta película aburrida.

196. Ellos han freído oreos una vez.

197. Nosotros hablaríamos en el cuarto.

198. Ella había descansado en la playa.

199. Yo vendí leche a la tienda.

200. Él quiere esa pintura.

201. Ellos seguían el camino.

202. Yo había dejado los peces en el agua.

203. Nosotros habríamos visitado a Jeff en el hospital.

204. Yo prestaré dinero a la escuela.

205. Ella cree en Papá Noel.

206. Ella cambiaba la bombilla.

207. Nosotros viajaremos cuando nosotros tengamos más dinero.

208. Él encuentra esta película aburrida.

209. Ustedes admirarán el sol en la mañana.

210. Ustedes beben agua todos los días.

211. Tú terminarías la pintura.

212. Ellos trabajarían toda la noche.

213. Ustedes habrían descansado todo la noche.

214. Nosotros habríamos estudiado en nuestro cuarto.

215. Yo empiezo mi día comiendo huevos.

216. Ellos habrían dado a John más tiempo.

217. Nosotros descansaremos después de la iglesia.

218. Nosotros horneamos para nuestras esposas.

219. Ellos habían vivido cerca del subterráneo.

220. Tú has horneado todo el día.

221. Yo leeré esa novela un día.

222. Ellos han reído todo el día.

223. Tú has freído oreos una vez.

224. Ustedes freirían la comida primero.

225. Yo había cantado en el estadio.

226. Ustedes habían corrido por el campo de fútbol.

227. Ella habría manejado al parque.

228. Nosotros habríamos acabado la tarea.

229. Ellos entran en su casa cada noche.

230. Yo había aceptado el trabajo.

231. Él escribe poemas cada viernes.

232. Ustedes admiraban la obra de Picasso.

233. Tú habrías preguntado sobre el clima.

234. Él habla con su hermana cada día.

235. Nosotros habríamos traído la maleta.

236. Tú pagabas la multa.

237. Yo trabajaría toda la noche.

238. Ellos hornean para sus esposas.

239. Yo había reído cuando manejaba.

240. Ellos acabarían el rompecabezas.

241. Yo habría comido la cena.

242. Ustedes han aceptado el empleo.

243. Tú cambiabas la llanta.

244. Tú has aprendido francés.

245. Nosotros buscaríamos por el auto.

246. Ella ha viajado a Florida.

247. Tú habrías enseñado a tu madre a dibujar.

248. Ellos acababan la pregunta.

249. Yo había ayudado a nuestro vecino muchas veces.

250. Tú descansas en la tarde.

251. Nosotros tocaremos el violín más tarde.

252. Él correría a lo largo del río.

253. Ellos perdían en el juego de baloncesto.

254. Nosotros habíamos abierto la carta.

255. Ellos hornearon una tarta de manzana.

256. Tú cambiaste las reglas del juego.

257. Ustedes habrían bebido la botella de jugo de manzana.

258. Ellos habrían abierto la puerta.

259. Ellos habrían acabado la tarea.

260. Ella nunca olvidará sus llaves en la casa.

261. Tú has hablado frente a cien personas.

262. Nosotros bailábamos todo el día.

263. Nosotros bebemos agua todos los días.

264. Ellos entraron al castillo anoche.

265. Ustedes entendieron cuando él habló.

266. Ellos pagarán la ropa nueva.

267. Ellos admiraban la obra de Picasso.

268. Tú dirías la respuesta si la supieras.

269. Él bebería agua antes de correr.

270. Yo entré al castillo anoche.

271. Tú freías el pescado más temprano.

272. Ella no ha entendido nada.

273. Nosotros hemos dejado correr los caballos.

274. Ella habría bailado en la ciudad.

275. Ella habría hablado con el doctor primero.

276. Ustedes manejarían al centro comercial.

277. Ella aceptó la oferta.

278. Ella habría comido papas fritas.

279. Yo bebo agua todos los días.

280. Tú corrías al cine.

281. Ustedes abrían la puerta.

282. Yo había dicho mentiras a mi madre.

283. Ellos habían viajado con su amigo.

284. Ella habría cantado anoche.

285. Él compró una camisa ayer.

286. Ella ha encontrado monedas en la calle.

287. Ella había buscado el teléfono en la cueva.

288. Tú habrías bailado en la ciudad.

289. Nosotros freiríamos la comida primero.

290. Tú habrías empezado anoche.

291. Ustedes han querido un barco en el pasado.

292. Nosotros habríamos caminado a la tienda.

293. Nosotros quisimos huevos para el desayuno.

294. Ellos buscarán la tarjeta de crédito.

295. Tú preguntaste sobre la granja.

296. Ellos habían aprendido a tocar la guitarra en su tiempo libre.

297. Yo habría horneado las galletas.

298. Tú cambias de parecer a menudo.

299. Nosotros hemos acompañado a nuestro vecino al cine en el pasado.

300. Ellos abrirían la botella.

301. Ellos caminarían más rápido.

302. Ella habría enviado el paquete.

303. Nosotros caminamos a la escuela.

304. Tú sigues las instrucciones bien.

305. Nosotros hemos seguido la corriente oceánica.

306. Nosotros hemos abierto la botella.

307. Él seguiría la calle hasta la biblioteca.

308. Ustedes aceptarán nuestra oferta.

309. Nosotros entraremos a la cueva mañana.

310. Nosotros visitamos a nuestro padre cada fin de semana.

311. Yo habría esperado hasta las nueva de la noche.

312. Yo había caminado al cine.

313. Yo visitaba a un amigo.

314. Ellos debieron dinero a su hermano.

315. Yo bailaba en mi cuarto.

316. Tú descansaste toda la noche.

317. Él habló enfrente de la clase.

318. Ella abrió la lata.

319. Ustedes habían comido una hamburguesa.

320. Ella acompañaba a su amigo al cine ayer.

321. Ustedes bailarían con John.

322. Tú pagas tus cuentas cada mes.

323. Ustedes habrían encontrado la carretera.

324. Él querría más comida.

325. Ustedes perderán más dinero esta noche.

326. Ella había bailado esa mañana.

327. Tú practicabas tu discurso.

328. Nosotros abríamos la puerta.

329. Ellos habían comido una hamburguesa.

330. Él viajó a Italia el año pasado.

331. Ellos aceptarían el trabajo.

332. Yo cantaré en el trabajo hoy.

333. Ellos beben agua todos los días.

334. Ellos preguntarían cómo jugar el juego.

335. Nosotros abrimos la puerta.

336. Ellos corrían al cine.

337. Nosotros habríamos terminado el proyecto a tiempo.

338. Yo he viajado a Florida.

339. Tú visitarías la ciudad.

340. Tú trabajaste toda tu vida.

341. Nosotros habríamos viajado contigo.

342. Ellos bebían café en la cafetería.

343. Ella había encontrado la respuesta en el libro.

344. Ustedes caminan en la mañana.

345. Ellos habrían abierto el paquete.

346. Yo terminaría la pintura.

347. Ellos han dejado correr los caballos.

348. Nosotros viajábamos por Europa.

349. Yo creo en Papá Noel.

350. Nosotros habíamos sonreído ayer.

351. Ella acepta su renuncia.

352. Tú cantaste en la ópera.

353. Yo estudiaré mañana.

354. Ellos habían visitado todos los pueblos en Texas.

355. Tú acompañaste a tu hijo a la escuela la semana pasada.

356. Ellos darían su auto a su vecino.

357. Nosotros corríamos al cine.

358. Tú has acabado el problema.

359. Tú has visto la luna.

360. Tú habrías comprado la camisa.

361. Ustedes visitaron Nueva York el año pasado.

362. Él vendería todos los sellos.

363. Tú leerás esa novela un día.

364. Ustedes han enseñado álgebra a adultos.

365. Ustedes deben a su abuela un reloj nuevo.

366. Nosotros habíamos dado a nuestro sobrino un auto nuevo.

367. Ustedes aprendían español en la escuela.

368. Nosotros escribíamos una carta larga.

369. Ella ha reído todo el día.

370. Ellos han aceptado el empleo.

371. Yo he enseñado álgebra a adultos.

372. Yo horneé una tarta de manzana.

373. Ellos ayudarán a su madre cuando ella esté aquí.

374. Ella bailaba todo el día.

375. Ellos vieron al perro detrás de la casa.

376. Nosotros habríamos dicho la verdad.

377. Tú enseñaste inglés por veinte años.

378. Tú habrías encontrado la carretera.

379. Tú habrías debido al museo una pintura.

380. Tú aceptabas tu premio ayer.

381. Ella habría vuelto después de la cena.

382. Yo freía el pescado más temprano.

383. Nosotros caminábamos a la biblioteca.

384. Nosotros recibimos correo cada día.

385. Yo saqué los platos.

386. Tú habías vivido cerca del subterráneo.

387. Ella caminará a la tienda más tarde.

388. Ellos habrían viajado contigo.

389. Ellos habrían manejado al parque.

390. Ellos empezaron su tarea ayer.

391. Ella preguntaba sobre el reloj.

392. Ellos encontrarán la billetera más tarde.

393. Tú descansarías durante la película.

394. Yo practico hockey después del trabajo.

395. Ellos habían caminado a mi casa.

396. Ellos habían sonreído ayer.

397. Ustedes enseñarían en el gimnasio.

398. Tú habías admirado la obra de Howard Hughes.

399. Yo habría ayudado a mi hermana ayer por la noche.

400. Tú habías preguntado sobre el auto.

401. Yo bailaré más tarde.

402. Nosotros entren amos para el maratón.

403. Él ayudaría a su maestro durante la clase.

404. Tú viviste en tres países diferentes.

405. Yo debería dinero a la tienda.

406. Ustedes visitarían la ciudad.

407. Tú has corrido por esa calle.

408. Tú habías visto todas esas películas.

409. Yo hablo con mi hermana cada día.

410. Ellos acabarán el problema.

411. Nosotros saldremos después del juego.

412. Nosotros aprendíamos español en la escuela.

413. Ella tocaba el piano toda la mañana.

414. Ella entraba a la biblioteca.

415. Ella hablaba muy rápido.

416. Ellos hablarán con su abuelo más tarde.

417. Ellos comen huevos en la mañana.

418. Nosotros habíamos tocado el violín en una banda.

419. Ellos abrirán la puerta.

420. Tú manejarías al centro comercial.